读懂投资　先知未来

大咖智慧
THE GREAT WISDOM IN TRADING

成长陪跑
THE PERMANENT SUPPORTS FROM US

复合增长
COMPOUND GROWTH IN WEALTH

一站式视频学习训练平台
WWW.DUOSHOU108.COM

卖在顶部

冯钢 林静 著

山西人民出版社

图书在版编目(CIP)数据

卖在顶部 / 冯钢, 林静著. —太原：山西人民出版社, 2014.5

ISBN 978-7-203-08569-0

Ⅰ.①卖… Ⅱ.①冯… ②林… Ⅲ.①股票投资—基本知识 Ⅳ.①F830.91

中国版本图书馆 CIP 数据核字(2014)第 103575 号

卖在顶部

著　　者：	冯钢　林静
责任编辑：	孙琳
装帧设计：	张元元
出 版 者：	山西出版传媒集团　山西人民出版社
地　　址：	太原市建设南路 21 号
邮　　编：	030012
发行营销：	0351-4922220　4955996　4956039
	0351-4922127(传真)　4956038(邮购)
E-mail：	sxskcb@163.com　发行室
	sxskcb@126.com　总编室
网　　址：	www.sxskcb.com
经 销 者：	山西出版传媒集团　山西人民出版社
承 印 者：	三河市嵩川印刷有限公司
开　　本：	170mm×1000mm　1/16
印　　张：	14.5
字　　数：	190 千字
印　　数：	7001—12000
版　　次：	2014 年 7 月第 1 版
印　　次：	2021 年 6 月第 2 次印刷
书　　号：	ISBN 978-7-203-08569-0
定　　价：	38.00

如果印装质量问题请与本社联系调换

前　言

这本书能带给你什么

"怎样才能在高位把股票卖掉？"
"为什么我的股票一卖就涨？"
"股票被套了，卖还是不卖？"
"为什么卖掉的股票大涨，不卖的股票跌起来没完没了？"
……

假如你也有上面这些不会卖股票的困惑，而且还没有找到很好的解决办法，那么请你马上打开这本书，这本书要带给你的，正是解决这些问题的办法！在你读了这本书之后，一定会从中找到你要的答案！

当你用心研读本书所讲的内容之后，相信你一定能够增强在股市中对顶部的判断能力；若是在你学完本书所讲的内容之后，能够坚决按照书中所讲的方法去指导你的操做的话，那么在未来的炒股生涯中你完全可以做到以下两点：

一、从此以后，你一定不会再在高位买入股票。
二、从此以后，你一定不会再被深度套牢。

股市中有无数次大大小小的下跌。可是，无论大跌还是小跌，总是有人不能摆脱屡屡被套在高位的厄运。有的股民在经历了多次股市大大小小的下跌或者被套之后，至今仍然无法躲避再一次的下跌被套；有人从曾经获利到最后演变成为被套；有人好不容易骑上的黑马最终因为不会卖出而导致错失赚大钱的机会……所有这些的经历，都是由于股民缺少逃顶的知

识和方法造成的。

股民之所以不能逃顶的根本原因在于股民不认识顶,因为不认识顶,所以不能逃顶;之所以被深套的原因,是无法确定股票后期的下跌能给自己造成多大的损失;因为不知道最终股票会跌到哪里,所以,下跌初期抱着侥幸心理,等到想逃的时候,已经被深套。

针对股民在逃顶方面存在的实际问题,本书的核心围绕着下面五个方面来告诉大家如何逃顶。即:顶部的预测、顶部的识别、顶部高抛的卖出技法、顶部调整时的卖出技法、顶部的逃离。

做任何事情,要想做得好,就必须掌握一定的方法和技巧。掌握技巧的前提首先是学习,其次是练习,熟才能生巧,炒股也是如此。股市中,"熟"指的是经验,"巧"指的是经验的总结和提炼。本书根据不同的市场状况下的走势,分门别类地讲解一些逃顶的技巧。本书中的方法,一部分是来自于别人的实战经验总结,一部分来自于我在实战教学中的经验总结,它们有别于纯粹的理论学说,其中有些方法也已经被我的一些朋友应用于他们的实战中,且取得了良好的实战效果。

"读一本好书,会少走一段弯路"!如果你在股市中屡屡难逃被套的宿命,请马上开始打开这本书进行学习吧!

本书语言上不刻意追求华丽的词藻,旨在通俗易懂的基础上注重它的实用价值。内容翔实好用是本书的最大特点。

如果你想在股市中能够赚到钱,直至利润最大化,就必须要学会逃顶!实在不能及时逃顶,则必须要牢牢记住:如果你做不到永不被套,至少必须要做到永不被套牢!假如你能将本书中讲过的知识转化为你的实战能力,你就完全有能力可以做到(参阅本书的结束语"如何将知识转化为实战能力")!

最后,衷心地祝愿所有的读者朋友股市好运!祝愿所有的读者朋友从此以后都能游刃有余地面对股市的千变万化!

在我写作的过程中,一直受到公司董事长冯钢先生的指导以及众多领导的支持,同时也得到身边很多同事的帮助,在此一并衷心地鞠躬致谢!

林 静

2014 年 5 月 完稿于北京

目 录

前言:这本书能带给你什么

第一章　如何预测顶部 …………………………………… 1
　　第一节　为什么要测顶 ………………………………… 2
　　第二节　价格对称测顶法 ……………………………… 8
　　第三节　K线形态测顶法 ……………………………… 14
　　第四节　密集成交区测顶法 …………………………… 21
　　第五节　均线测顶法 …………………………………… 25
　　第六节　黄金分割测顶法 ……………………………… 31
　　第七节　通道线测顶法 ………………………………… 38
　　第八节　测顶注意事项 ………………………………… 41

第二章　如何识别顶部 …………………………………… 47
　　第一节　K线识顶法 …………………………………… 48
　　第二节　压力与支撑位识顶法 ………………………… 58
　　第三节　超买识顶法 …………………………………… 67
　　第四节　顶背离识顶法 ………………………………… 74
　　第五节　转势识顶法 …………………………………… 79
　　第六节　大盘识顶法 …………………………………… 89
　　第七节　识顶注意事项 ………………………………… 95

第三章 顶部高抛的卖出技法 ……………………………………… 103
- 第一节 对称拉高卖出技法 …………………………………… 104
- 第二节 通道卖出技法 ………………………………………… 110
- 第三节 主力出货时卖出技法 ………………………………… 113
- 第四节 量价背离高抛卖出技法 ……………………………… 121
- 第五节 乖离率高抛卖出技法 ………………………………… 127
- 第六节 涨停后的股票卖出技法 ……………………………… 137
- 第七节 大盘呈鳄鱼嘴时形态时卖出技法 …………………… 143
- 第八节 高抛卖出注意事项 …………………………………… 146

第四章 顶部调整时的卖出技法 ………………………………… 151
- 第一节 均线卖出技法 ………………………………………… 152
- 第二节 趋势线卖出技法 ……………………………………… 160
- 第三节 技术指标卖出技法 …………………………………… 165
- 第四节 缺口卖出技法 ………………………………………… 173
- 第五节 形态卖出技法 ………………………………………… 177
- 第六节 杀跌卖出注意事项 …………………………………… 190

第五章 卖股票应该注意的事项 ………………………………… 197
- 第一节 顶部的理解误区 ……………………………………… 198
- 第二节 思路要清晰,目的要明确 …………………………… 204
- 第三节 卖错了怎么办 ………………………………………… 210
- 第四节 建立自己的逃顶交易系统 …………………………… 214

结束语 …………………………………………………………… 219
- 如何把知识转化为实战能力 ………………………………… 219

第一章　如何预测顶部

要想逃顶，就需要事先知道顶部大概在哪里。未雨绸缪，才能做到有备无患。本书的这部分内容主要是教给大家如何去预测顶部。只有知道了顶部在哪里，才能够知道买进之后存在着多大的获利空间以及是否有买进参与的价值，也才能够在顶部来临的时候，从容逃顶。

 卖在顶部

第一节　为什么要测顶

要想学会逃顶，就必须要学会测顶。实在不会测顶，就必须要设定止损位，这一点对于初学逃顶的人尤为重要。

简单地说，测顶就是预测一下股票将来还有多大的上升空间（针对正处于上涨阶段的股票而言）或者是将来还有多大的下跌空间（针对正处在下跌阶段的股票而言）。如果通过预测，发现股票没有了上涨空间，则意味着股票将会下跌，这就是顶部，因此要逃顶；或者说由于股票还具有下跌的空间，还会继续下跌，相对未来而言，这也是顶部，因此也要逃"顶"（这个顶是相对于后期而言的）。

测顶是逃顶之前的必要分析手段，但测顶首先不仅仅是为了逃顶，具体的来说，测顶的目的和步骤有以下几点：

一、买入之前测顶，是为了计算风险收益比

测顶，应该发生在买入之前还是买入之后？

如果你想买入之后赚钱，那么，你就必须要记住，测顶首先必须要发生在买入之前。也许有人会问，还没买股票呢，测顶有什么用呢？其实，测顶最重要的作用是通过测顶来计算风险收益比，并以此衡量投资风险的大小和制定相应的买卖操作策略。

一名成熟的股民，必须要有操作的策略，例如，在买股票之前必须要问问自己能不能买，如果能买，是追涨还是低吸？这就是策略。如果这一步操作成功了，可以为将来逃顶减少很多麻烦。因为，只有在不亏损的前提下，股民卖股票才会比较坚决。那么根据什么来衡量能不能买呢？这就必须要测顶。如下图：

第一章　如何预测顶部

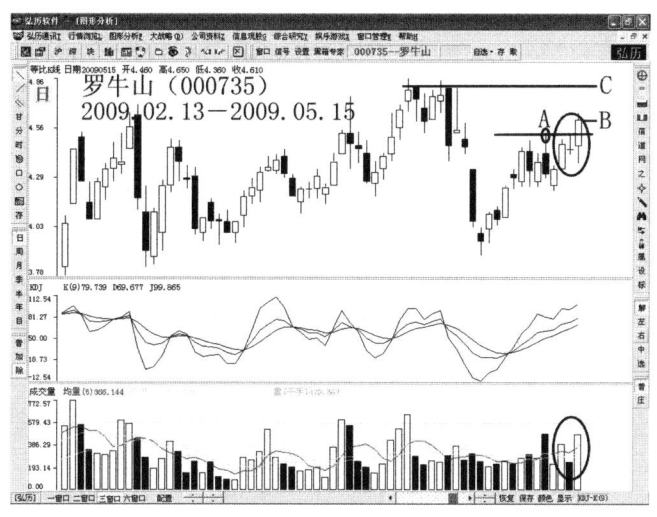

1.1-1

说明：上图为罗牛山（000735）自2009年02月13日至2009年05月15日的日K线走势图。上图圆圈处，3天的K线组合形成一个多方炮（十字星缩量），且放量突破了前期平台A，短期创新高，属于上升趋势。此时，没有该股的人，也许会问能不能买进呢？而持有该股的人，也许会问该不该卖出呢？曾经有人认为股市就像一座围城，城里的人想冲出来，城外的人想冲进去。相同的股价走势，人们总是会产生不同的想法，因此股市才会不断地有人交易。

对于炒股的人来说，到底是应该买入还是应该卖出呢？这就需要通过测顶来进行判断。

在上面的图形中，B（2009年05月15日）是最后一个交易日的收盘价；前期高位平台C是B后面所要面临的压力位，而前期平台A是B后面所要面临的支撑位。由此有了以下的分析思路和步骤：

1. 计划买入价位。如上图，假设下一个交易日将要参考B的价位买入，即大约4.6元（实际是4.61元，实战中我不喜欢算那么细的账）。那么，买入可以不可以呢？

2. 测顶，并计算上涨空间（即找出下一档压力与计划买入价之间的空间）。如上图，该股短期的上方压力C是大约4.80元（即对短

期顶部的预测；或者是你短期的赢利目标位。测顶的方法有很多种，将在后面的章节中讲解），计划买入价是4块6，因此，上面的上涨空间约为2毛钱。

3. 测底，并设定止损计划（即找出下一档支撑与买入价之间的距离）。该股短期下方的支撑A大约是4.50元（即对短期底部的预测，或者称止损位；在你买股之前必须找到止损位！以防不测之时减少损失）。假如后期跌破4.5宝元，需要执行止损，即万一不测，会亏损1毛钱（没计算手续费）。

注：如果你已经持有了该股，则只需要分析第二步和第三步。

在上面的分析过程中，包括计算了买入该股后可能承受的风险和预期的收益，也就是说，如果你打算4.60元买入的话，如果涨了，你的收益会赚到2毛钱（4.80元减去4.60元）；如果跌了，你的风险是会亏损1毛钱（4.60元减去4.50元）（没算交易费用）。

二、测顶是为了根据风险收益比来判断投资风险的大小

在衡量了预期的风险和收益之后，必须要做的一件事情就是要计算风险收益比。这是测顶之后，必须要做的一步！谁忽略了，谁永远都不可能成为一名成熟的股民。

风险收益比的计算方法如下：

风险收益比=风险∶收益

上面案例中提到的股票的风险收益比为1∶2（即预计亏损1毛钱，预期收益2毛钱）。

风险收益比的意思是为了获取收益，你将冒多大的风险。1∶2意味着为了赚2毛钱要冒着赔1毛钱的风险。

上面的案例中，经过计算风险收益比，即为了赚2毛钱要冒着赔1毛钱的风险，可以确定，这样的买卖几乎没有操作的价值，因为付

第一章 如何预测顶部

出和得到的不成比例。

在理论上认为,风险收益比大于1∶3属于高风险、低收益；**请大家记住："高风险、低收益"的位置就是本书中界定的顶部。**

显然,上面的案例中计算出来的风险收益比1∶2要大于1∶3,属于顶部。

因此,最终我们得出结论:这个位置是阶段性的顶部！顶部,是不能买进股票的。顶部,是到了应该卖出的时候了。

所以,图1.1-1中股价运行到B处（2009年05月20日）之后,没有该股的,不能买入,持有该股的可以考虑逢高卖出。

我们再来看接下来的走势：

图 1.1-2

说明：上图为罗牛山（000735）自2009年02月13日至2009年05月27日的日K线走势图。图中圆圈处就是我们前面根据风险收益比确认是顶的位置。

当后来股价在B处跌破了A的支撑后,就应该按照止损计划止损。那么不止损行不行呢？

当跌破A的支撑之后,A就转为压力,而B下档的支撑就是前期的低点 C。跌破 A 的支撑后，再次计算风险收益比的话：

A 的价位是 4.53 元，B 的收盘价是 4.50 元，C 的价位是 4.21 元。收益为（压力-现价＝A-B）0.03 元，亏损为（现价-支撑＝B-C）0.29元。

风险：收益＝0.29 元：0.03 元，约为 9.7：1。

很明显，从 B 至 C 下跌带来的亏损，显然要大于从 B 到 A 的上涨空间，所以，股价处于 B 处时，尽管已经从高位跌下来一些，但相对于 B 后来的走势，仍属高风险、低收益的阶段性的顶部（因为采用的都是短线的压力与支撑，因此，结论也是短期的），那么，即便没有卖在上涨过程中的顶部，当跌破了 A，跌到了 B 时，也必须要执行止损。

我们再来看一个案例：

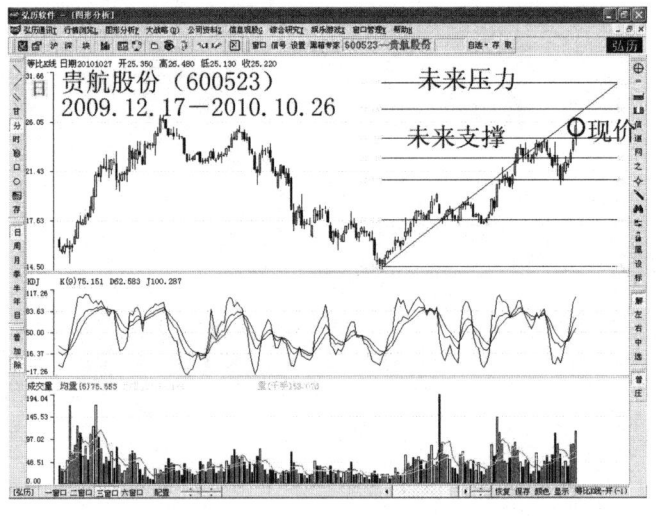

图 1.1-3

说明：上图为贵航股份（600523）自 2009 年 12 月 17 日至 2010 年 10 月 26 日的日 K 线走势图。2010 年 10 月 26 日当天股价放量突破了近期前高点，收盘价是 25.61 元，此时利用黄金分割测顶法来分析的话，后期未来的压力在 30 元左右，未来的支撑在 24 元多一点，假如 25 元买入的话，预期的收益是 30-25＝5 元，预期亏损大约为 25-24＝1 元，风险收益比为 1：5，即冒着赔 1 块钱的风险去赚 5 块钱，小于上面

第一章　如何预测顶部

讲过风险收益比的1∶3，属于低风险、高收益。因此，尽管股价现价创了短线的新高，但它相对于未来的股价来说，属于低位而不是高位。所以，可以继续持股待涨或择机介入持股。

在实战中，只有全面地、真正地理解为什么要测顶，并且是建立在基础上有依据的测顶，测顶才会真正变得有意义。我们必须要记住，测顶最重要的是为了判断上涨空间的大小和投资风险的大小。绝不能让测顶盲目地成为一厢情愿的幻想，或者成为盲目贪婪的一个借口。

要想能够逃顶，就必须要在买入之前测顶，上涨的时候，要测顶（如图1.1-1和1、1-3），目的是为了将来能够卖在相对的高位；下跌的时候也要测"顶"（换另外一个说法，即测下跌空间，这样便于大家理解）（如图1.1-2），目的是为了能够避免后期出现更大的损失。

为了减少测顶的失误，在测顶的过程中，需要注意以下事项：

1. 上面所述在整个判断过程中，我们引用的压力和支撑是短期的，所以得出的顶部的结论也应当是短期的。如果想研判中期的顶部，则需要引用中期的压力和支撑。或者把本书的方法使用到周K线或者是月K线上即可。

2. 必须要注意的是，测顶只是为了将来逃顶必须要做的准备工作，只是一种预期，后期还要随着市场的变化再次按照上面的方法及时做出相应的调整。如果到达预测的顶部还没有筑顶的迹象，则需要重新测顶；如果还没到达测算的顶部就出现了筑顶的迹象（参阅第二章），说明股票比你预期要走得弱，必须要严格设定止损位，以防止股票没有到你预想的价位就开始下跌，导致你不能及时逃顶。

3. 如果股价到了预期测算的顶部之后，还要具体观察是否出现顶部迹象（请参阅第二章的内容），才能最终决定是否要逃顶。

4. 最好能使用两种以上的方法进行互相验证，以便减少因一种方法的局限性造成的片面性。这里所说的两种以上的技术方法指的是本章中两个不同的章节，并非一个章节中的方法。

在大家了解了测顶的要领之后，接下来，让我们一起学习一些测顶的方法。

第二节 价格对称测顶法

对称的现象存在于很多自然界的事物当中，对称可以让我们从视觉上感觉到平衡的美感。比如汽车左右对称；比如雪花有六个瓣；五官端正指的就是五官匀称。掌握了对称法则的应用，我们可以按照已知的一半去复制另一半，比如，我们可以按照左边的脸来复制右边的脸。

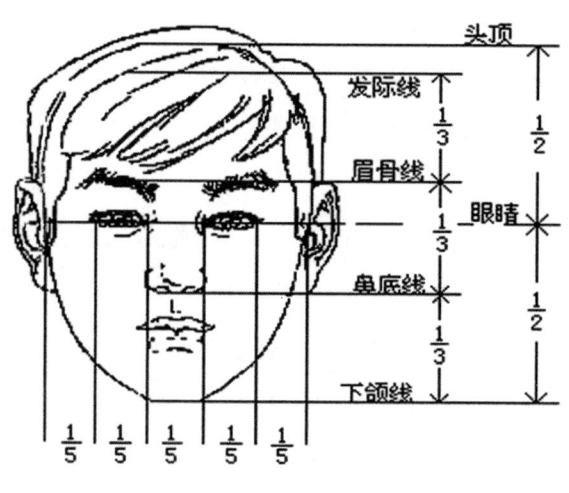

图 1.2-1 三庭五眼

股市中的价格对称也随处可见，如下图，如果你能够把对称法则灵活运用到股市里，就会理解什么是涨跌有序了。

第一章 如何预测顶部

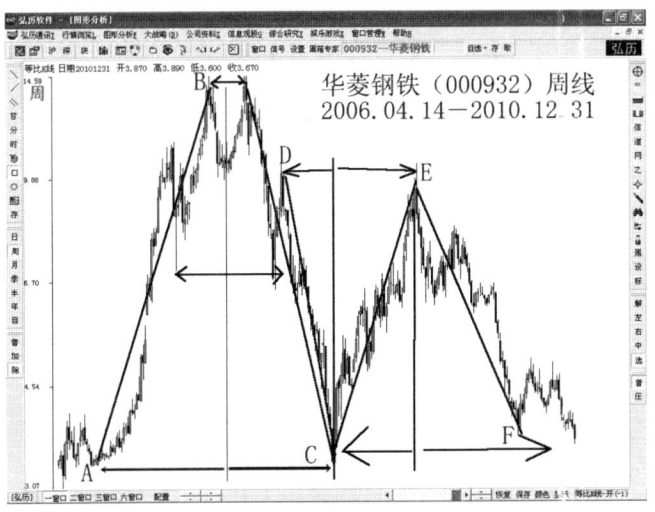

图 1.2-2

说明：上图为华菱钢铁（000932）自 2006 年 04 月 14 日至 2010 年 12 月 31 日的周 K 线走势图。图表中股价的走势，总体上呈现出从哪里来又回到哪里去的走势。从 A 处的 3.07 元涨到 B 处的 14.59 元，大约涨了 14.50 元毛钱；而从 B 处的 14.59 元跌到 C 处的 3.21 元，大约跌了 14.30 元；也就是说，A 到 B 的涨幅基本上是与 B 到 C 的跌幅对称相等的；同样的计算方法，D 到 C 的跌幅（10.51 元-3.21 元＝7.30 元）基本上是与 C 到 E 涨幅（10.46-3.21 元＝7.30 元）是对称相等的；C 到 E 的涨幅（约为 7.30 元）基本上与 E 到 F 的跌幅（10.46 元-3.73 元≈6.70 元）几乎是对称相等的。

图 1.2-3

说明：上图为中国重汽（000951）自 2010 年 01 月 08 日至 2010 年的 12 月 31 日的

日K线走势图。上图中，B到C的价格涨幅差不多与A到B的价格跌幅对称相等，B到D的价格涨幅差不多与E到C的价格涨幅是对称相等的。

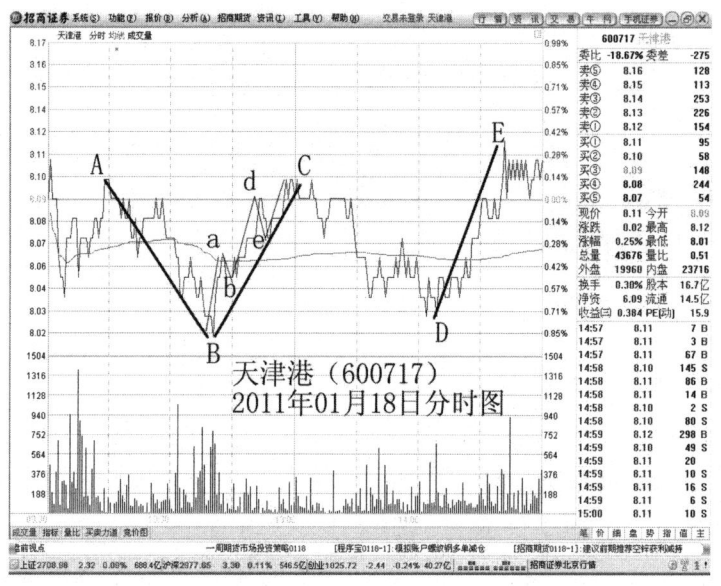

图 1.2-4

说明：上图为天津港（600717）于2011年01月18日的分时图。图中，A跌到B与B涨到C、B涨到C与D涨到E几乎也是对称相等的；价格从B涨到a与从b涨到d和从e涨到c的上涨幅度几乎也是对称相等的。

以上的案例，说明对称不仅仅存在于自然界的物体中，同样也存在于股市当中。按照价格对称的原理，当我们需要知道一段行情的上涨幅度时，便可以通过之前与之相对称的已经结束的行情大致测算一下。

一、测算的要领和步骤如下：

1. 首先，股市中的价格对称模型大概有以下几种：

第一章 如何预测顶部

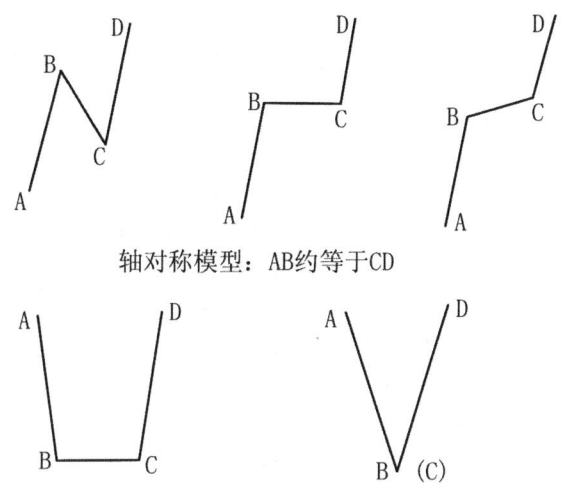

图 1.2-5

说明：上面几种不同类型的图形是股市在上涨的过程中，常见的几种上涨类型，尤其是上面第一排中的3个模型，像英文的"N"。股票涨跌的过程中，如果你仔细观察，会发现每一个趋势，都由若干个不同的"N"字波（或者倒"N"字波）组合而成。我们就以这些常见的类型为模型，使用下面的方法来测顶。

2. 确认对称轴

在图1.2-5中的上面一排的图形中，BC段的走势是针对AB段走势的调整（通常会调整到AB段的1/3、1/2或2/3），当在C点确认结束时，可以确认BC为对称轴；

图1.2-5中下面的这两个模型，其实就是从哪里跌下去的再从哪里涨回来，我们主要看得是涨幅和跌幅差不多对称相等。

3. 计算上涨幅度

当确认了A到B的上涨幅度和对称轴BC之后，C到D波段的波动幅度就可以按照对称的方法大约测算了，即C到D波段的波动幅度大约等于A到B波段的波动幅度。如图1.2-6。

卖在顶部

二、实战案例：

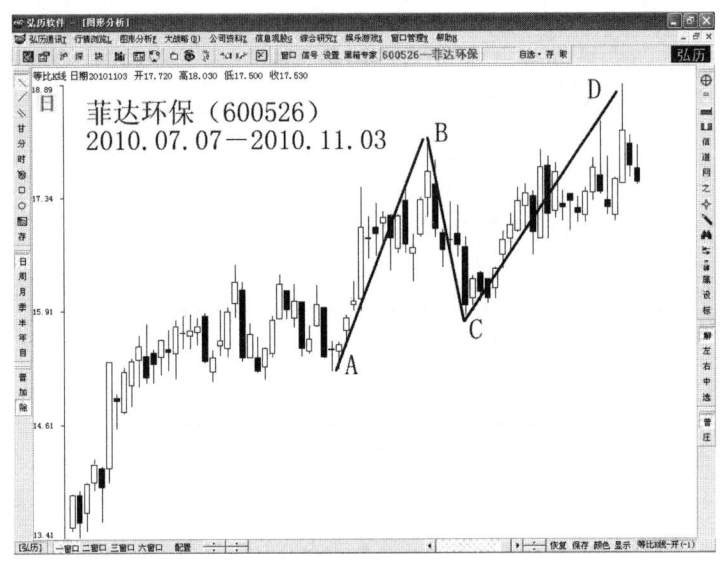

图 1.2-6

说明：上图为菲达环保（600526）自 2010 年 07 月 07 日至 2010 年 11 月 03 日的日 K 线走势图。图中 A 对应的最低价约为 15 元（实际为 15.20 元），B 处对应的最高价为 18 元（实际为 18.12 元），则 AB 的涨幅约为 3 元（18-15＝3）；C 处的最低点为 16 元（实际为 15.86 元），那么 D 处的目标位约为 16+3＝19 元（实际为 18.89 元）。那么当该股涨到接近 19 元左右的时候，就意味着该股上涨差不多到顶了，此时就要注意观察是否出现头部特征了（该内容参阅第二章。一定要注意的是先测顶，然后再观察顶部特征，最后是逃顶）。

在实际计算的过程中，因为测顶不是逃顶，只是为逃顶做准备，因此，对于顶部的价位大约估算即可。最终还需要结合实际走势，进一步辨别股价到达或者接近目标位时是否具有顶部的特征，再决定是否卖出；或者，假如没有到达目标位时就出现头部特征或者其他意料之外（比如大盘或其他利空等突发事件）的走势时，那就必须要按照实际的走势进行修正对顶部的预测。

三、价格对称测顶法注意事项

1. 计算之前必须有明确的对称轴,如图1.2-5中,从B到C这一阶段的走势就是对称轴;且B到C的波段是针对A到B的波段的调整(通常的情况下,B到C是A到B的1/3或1/2或2/3;例如,如果A到B涨了3元的话,则B到C是其1/3的话,就是跌一元)。

2. 必须确认了B到C阶段的趋势已经结束,C到D阶段的趋势已经开始,才能利用C点计算C到D阶段的涨幅。确认B点到C点结束的标志为起码股价自C点已经上涨了3%以上(短期)或者是10%以上(中短期)。

3. C到D阶段的趋势如果有量能的配合,则可能超过预期;若没有量能的配合,则会低于预期。量能大小指的是当日的成交量与5日成交量均线或者10日成交量的对比,中短期的投资者可以用相同的方法参阅周K线。

4. 测顶不是逃顶,只是逃顶前的准备。测顶的结果,只是个大概粗略的估算,不是细致的精确运算,另外还需要根据实际走势验证;一旦出现意外走势,需要及时做出调整。调整不及时,必须做最后的打算即止损。

5. 该方法多用于短期的波段分析。股市中,有很多趋势的结构可以分解成若干个"N"字波(如图1.2-5中的上面一排所列图形)之后,找到它们的对称关系。

6. 这里主要指的是价格的对称,没考虑时间因素。在实战中,AB段的时间和CD段的时间要大致匹配,若AB段运行了数周,则CD不可能运行几个小时,不然就不能按照对称计算。股市中的变盘点,可能是价格对称到位了,也可能是时间对称到位了;如果价格和时间都对称到位,则极易引发暴涨暴跌。

7. A到B或者C到D都指的是垂直的价差。如果跨越时间较长,可视其为涨幅百分比的对称。当市场行情较强时，CD 可以演变为 AB 的 1.5 倍或者 2 倍的倍数关系。

第三节　K 线形态测顶法

在股价运行的过程中，会产生很多种形态，当形态被确认突破（向上或者向下）之后，我们便可以按照形态来测算股价后期上涨（或者下跌）的幅度。以后当你在实战中学会理解并应用形态的方法测顶的话，就算你卖不到最高点，也一定会卖到次高点。

一、"W"底形态测顶法

因双底形态类似英文的"W"，所以又成"W"底形态。

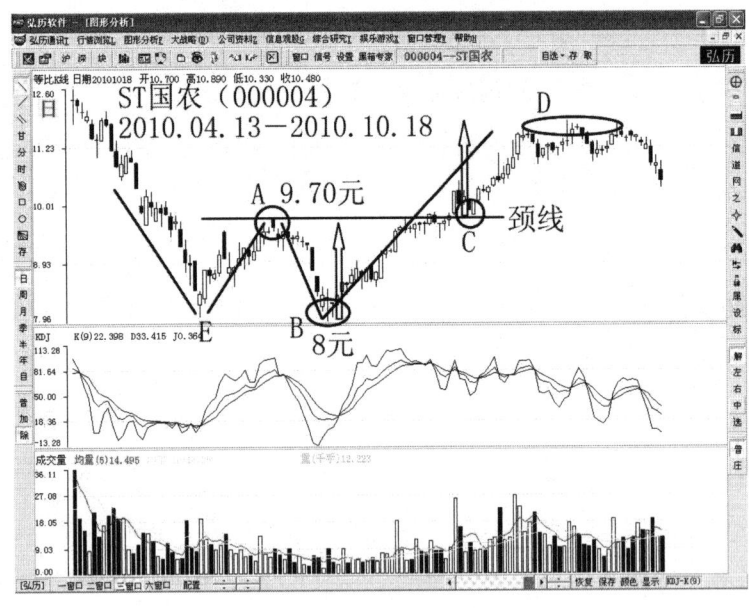

图 1.3-1

说明：上图为 ST 国农（000004）自 2010 年 04 月 13 日至 2010 年 10 月 18 日的日

第一章　如何预测顶部

K线走势图。图中以E点和B点为两个低点、以A为高点的形态为"W"底形态（确切地说，必须是在C点向上突破了A点的压力之后，才能算是"W"底），在C处形成突破之后，就需要计算该股的下一个上涨目标位。

测算的方法和步骤如下：

1. 首先计算W底的波动幅度。

简单地说，就是上图中A和B之间的垂直价差（上面图形中，箭头的方向属于垂直距离，本文中所有的"垂直"都是这个意思）。

在构筑W底的形态过程中，高位A点约为9.70元，低位B点约为8元；可以计算出W底形态的波动幅度为A-B=9.70-8=1.70元；

2. 计算突破后的上涨目标位

股票突破颈线以后，以上图中的颈线为基数（颈线就是经过A点的水平趋势线），再加上W底的波动幅度，就是W底被向上突破之后的下一个上涨目标位。如果按照价格对称的测算方法来看的话，这可以理解为：以颈线为轴，价格上下对称。

上图中的颈线是A点即9.70元，加上W底的波动幅度1.70元（第一步的计算结果），那么下一个目标就是9.70+1.70=11.40元。

由此可以测算该股突破颈线之后，下一个上涨目标位即D处的价格区域大约为11.40元左右。实际走势中，D的价格区间在11.40元左右。

实战当中，如果测顶在11.40元左右，后期当该股运行到这个价位附近时，就要注意增强风险意识了，要时刻关注是否有顶部的特征出现（参阅第二章顶部识别），以便于及时逃顶。

二、"M"头形态测顶法

"M"头，因其形态酷似英文字母"M"，故称其"M"头。

卖在顶部

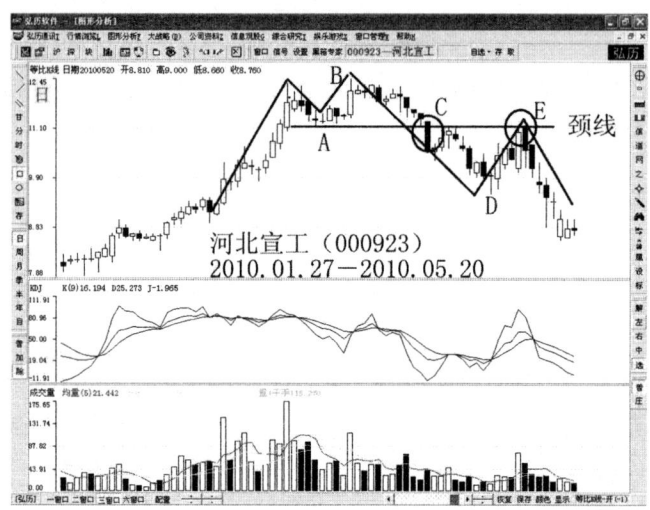

图 1.3-2

说明：上图为河北宣工（000923）自 2010 年 01 月 27 日至 2010 年 05 月 20 日的日 K 线走势图。当 C 处向下跌破颈线后（经过 A 做的水平趋势线就是颈线），确认 M 头形成（C 之前的走势酷似英文字母"M"）。

理论上，当 M 头形成之后，股价还会以颈线为基数，至少再向下跌一倍（即图中以颈线为对称轴，往下翻一倍）。具体的计算步骤如下：

1. 计算 M 头的波动幅度

在图 2.3-2 中，A（即 2010 年 03 月 25 日的最低点 11.10 元）与 B（04 月 01 日的最高点 12.45 元）之间的垂直价差，就是 M 头的波动幅度。B-A=12.45-11.10=1.35 元。

2. 计算跌破颈线后的下跌目标位

在图 2.3-2 中，当股价跌破颈线后，下跌目标价位 D 就是以颈线为基数，再往下跌 M 头的幅度。即颈线 11.10-1.35（这是 M 头的幅度）= 9.75 元。

3. 计算现价跟未来目标之间的差价，衡量是否还有下跌空间

第一章　如何预测顶部

在图 2.3-2 中，C（即 2010 年 04 月 19 日）以大阴线的方式跌破了颈线，当天收盘价为 10.50 元，距离第 2 步中说的 9.75 元还有 0.75 元。（注意：如果差价超过 10% 以上，中线依然属于高位，如果差价超过 5% 以上，短线也属于高位。）

综合上面 1、2、3 步，所以，当 C 跌破颈线后，相比以后的价位来说，C 仍是相对高位，可以考虑卖出，但如果已经接近下跌目标位 D 了（即上面计算的 9.75 元），比如 2010 年 4 月 30 日，都跌到 9.52 元了，非常接近 9.75 元了，就不要急于杀跌了，可根据后期反弹的情况再定。后期股价反弹，那么从测顶的角度看，颈线就是反弹的预期目标，一旦到颈线处，遇阻回落，便是择机逃顶的时机。

三、头肩底形态测顶法

头肩底形态，顾名思义，像人的头和两个肩膀一样的形态。只不过，头肩底是倒立的人的头和肩膀。

图 1.3-3

说明：上图为 *ST 天一（000908）自 2010 年 02 月 09 日至 2010 年 12 月 31 日的

日K线走势图。图中A就是头肩底的头。B是颈线上距离A垂直距离的一点,也就是头肩底的幅度。C点是突破头肩底的点,D点是突破之后的最终上涨目标。

头肩底形态测顶的方法和步骤如下:

1. 测量头肩底的幅度

头肩底形态中,头部至颈线的垂直距离就是头肩底的幅度。

上图中,A点即2010年07月02日,最低点为5.84元,画了颈线之后,颈线对应着A点的垂直上方的B点,价位约为7.70元左右;那么,头肩底的波动幅度为:B−A=7.70−5.84=1.86元。

2. 计算形态突破之后的上涨目标价位

当在C点确认头肩底形态被突破之后,需要计算最终头肩底形态上涨的第一目标价位D。

计算的方法是,用C处的颈线价位,加上头肩底的波动幅度,强调一下,是C处对应的颈线的价位,而不是C处对应的突破之后的收盘价位。

图2.3-3的头肩底被突破之后的第一目标位为C处的颈线价位7.60元左右+头肩底形态的幅度1.86元=9.46元。实际上最终在2010年11月29日,股价最高9.45元。

投资者若能提前做好顶部测算工作的话,才有可能最终逃在顶部(因为上图中的颈线倾斜向下,所以,都是颈线位上的点,C处7.60元比B点7.70元的颈线价位低)。

四、头肩顶形态测顶法

头肩顶形态,酷似人的头和肩膀组合成的形态,对于人体而言,头算是人体高位,因此,头肩顶形态算是股票的相对高位。

第一章 如何预测顶部

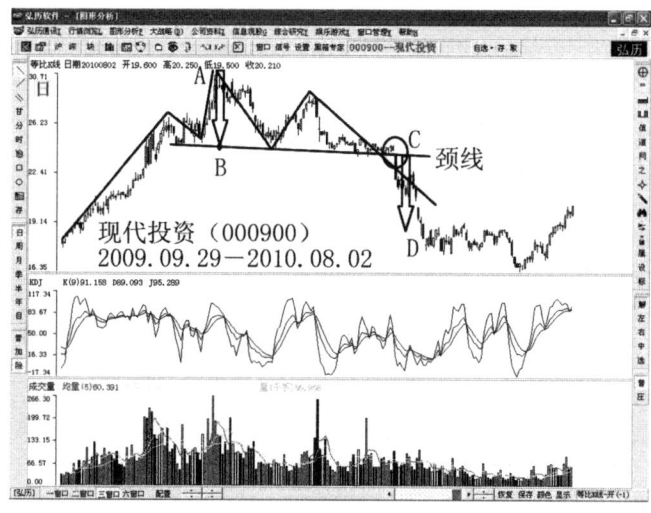

图 1.3-4

说明：上图为现代投资（000900）自 2009 年 09 月 29 日至 2010 年 08 月 02 日的日 K 线走势图。图中是一个头肩顶的案例，只是它长得有点歪，股市里五官端正的形态远远地少于歪七扭八的形态，大家在看形态的时候，一定要灵活一些。

头肩顶形态测顶的方法和步骤：

1. 计算头肩顶形态的幅度

上图中的头，即 A 点为 2010 年 01 月 04 日的最高价 30.70 元，B 是颈线上的一点，即从 A 垂直向下到颈线的距离，A 到 B 的价差就是头肩顶形态的波动幅度，B 约为 24.30 元左右，计算头肩顶形态的波动幅度为：A-B=30.70-24.30=6.40 元

2. 计算头肩顶确认之后的下跌目标价位

理论上，头肩顶确认完成之后，下跌的目标是以颈线为轴，至少向下翻一倍。

上图中，C 处，股价以跳空向下的方式确认形成了头肩顶形态，那么未来的下跌目标价位 D 的计算方法为：用 C 处的颈线价位减去头肩顶的波动幅度。

上图中，C 处的颈线价位是 23.60 元左右，减去头肩顶的波动幅度

6.40元，约为17.20元，就是后期股价下跌的第一目标位。

3. 计算现价与未来目标位之间的差价

计算现价与未来目标价位之间的价差，其目的是为了判断下跌空间是否需要回避。

当2010年04月19日该股在C处出现大阴线，确认头肩顶形态形成之后，收盘价是21.92元，此时距离下跌目标位17.20元，还具有21.92-17.20＝4.70元的下跌空间时，就该确认这样的下跌空间是需要回避的。此时尽管股价已经从最高30.70元跌到了21.92元，但是，因为还有4.70元的下跌空间，股票还没有跌完，因此，现在的价位相对于未来来说，未来的跌幅4.70元，相当于20%的下跌空间，仍是在高位，仍要回避。

股市中的形态有很多种，大致分为两大类，一类是持续形态，一类是反转形态。本节所讲的"W"底与"M"头形态以及头肩底和头肩顶形态是我们最常见的4个形态，绝大多数情况下，它们是反转形态。在利用形态测顶的时候，需要注意以下事项：

1. 大家能够习惯接受的是用底部形态来测算顶部，从心理上来说，这样比较容易接受，因为这样的计算方法，感觉钱越算越多。在实战当中，的确也需要在股价上涨的过程中提前测算上方的目标位。但是，一旦出现最坏的走势，比如本节中讲过的顶部形态出现后，要坚决克服自己侥幸和幻想的心理，虽然股价已经跌了下来，但是一定不要忘记本书反复强调的一点：股价是否处在高位，要看未来，不能仅仅看以前。跟以前做价格对比只是一种手段，其目的是为了判断以后的走势，只要未来还有下跌空间，就要回避。

2. 如果你不愿意再在股票跌了以后卖股票，那么就要努力学习本书中讲解的有关上涨的过程中测算高位的方法。

3. 测算毕竟只是一种预期，在实战中，必须要结合实战进一步跟踪验证自己的判断，一旦发现市场有变化，要及时做出调整。

第一章 如何预测顶部

4. 持续形态确认之后，可多选用对称测定法和黄金分割测算法测算。当出现反转形态确认后的走势，可按照本节所讲的步骤进行测算。

5. 不同规模的形态测算的结果对后期的指导意义不同。分时图上以及 15 分钟图上或者 30 分钟图形上等时间规模较短的周期图上看到的形态确认后，可能会快速涨到位或者是几天跌到位，而在周线等周期较长的图形上看到的形态可能要用相对较长的时间才能达到目标位。

6. 本节中提到的形态是实战中常见的反转形态，其他的技术形态出现反转后，基本上都可以按照本节中讲的步骤进行分析，即首先找到颈线，然后计算上涨或者是下跌的幅度。大多数的情况下，形态确认之后会以颈线为轴出现价格对称的走势（参考上一节讲过的价格对称测定法的思路和步骤）。

7. 测顶之后，还需要进一步观察股价是否在预测的价位附近出现筑顶的迹象（请参阅下一章"识顶"），才能最终决定是否逃顶。为了提高逃顶的准确概率，投资者必须要在测顶的基础上确认出现顶部迹象时才能逃顶。

第四节 密集成交区测顶法

在实战中，很重要的压力往往会成为股票上涨途中阶段性的顶部。压力，就是股票上涨途中的阻力。要想把股票卖在高位，就要学会在股票上涨途中通过寻找上面的有效压力提前来预测顶部。

如何来寻找有效的压力呢？

寻找压力（或支撑）的方法有很多，比如前期高（低）点、均线、黄金分割法、管道线、趋势线，等等。为了避免读者一下子学的多了，不利于记忆和理解，我把它们分开来说，这一节我们主要说的是通过前期的高、低点来测量预期的顶部。

历史上曾经出现过的高点，容易对日后的股价形成压力，特别是以下几种位置，要特别地引起注意：

1. 前期的成交密集区

成交密集区就是大多数人集中交易的价格区间。

成交密集区主要体现在放大的成交量上。成交量越大，说明参与市场交易的人越多，这个时候的成交量所对应的股价就容易成为日后的重要压力位（或者支撑位）。

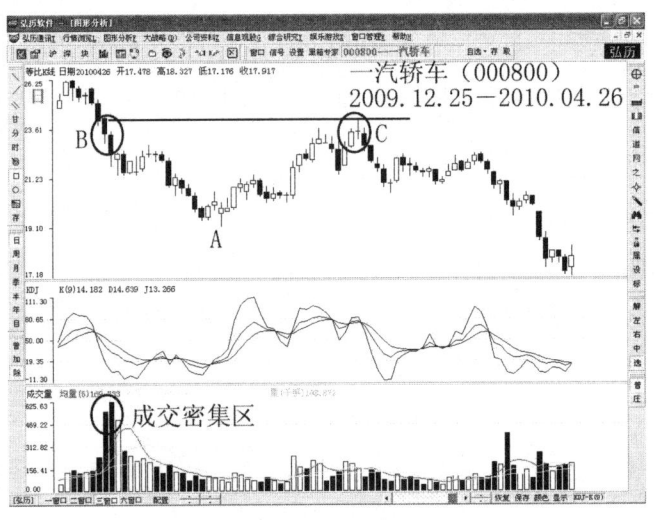

图 1.4-1

说明：上图为一汽轿车（000800）自 2009 年 12 月 25 日至 2010 年 04 月 26 日的日 K 线走势图。

上图中，股价自 A 点反弹至 C 处时，其价格接近于 B 处的价格，因 B 处所指的价格区间对应着很大的成交量，属于成交密集区。因此，B 处的价格就会对反弹的价格高度形成制约，容易成为阶段性的顶部。

在实战当中，如果遇到股价触底反弹时，可以通过前期的成交密集区，来预测后期股价反弹的高度。

第一章 如何预测顶部

2. 前期的高位价格区间

请注意，应该是"前期高位价格区间"而不是"前期高点"。

图 1.4-2

说明：上图为中化国际（600500）自 2008 年 02 月 29 日至 2010 年 12 月 15 日的周 K 线走势图。在上面的图形中，我们看到 A 是成交密集区（成交量很大），它对日后股价上涨的高度起了明显的制约作用。C 在遇到前期高位 B 之后，明显地遇阻回落，形成了阶段性的高位。在实战当中，前期放大的堆量（比如 A 处的成交量）明显地对后期股价的反弹高度形成制约作用。再比如上图中 C 处所对应的放大的成交量，必定对日后测顶起着重要的作用。需要注意的是，自 A 至 B 是一个价格区间，并非是一个确切的价格点位。

另外，实战中需要注意像 C 处这样的位置，即放量上冲前期的阻力位未果，极易构成阶段性的头部。

只要历史上存在着的高位，必定对日后的走势有影响，对于初学者来说，较为简单的测顶方法就是寻找前期的高位，特别是成交量放大的高位。当然，股价上方有多个历史高位的，就要采取多角度的综合研判法来预测后期股价运行上方较为重要的压力位。即压力共振测顶法。

3. 压力共振测顶法

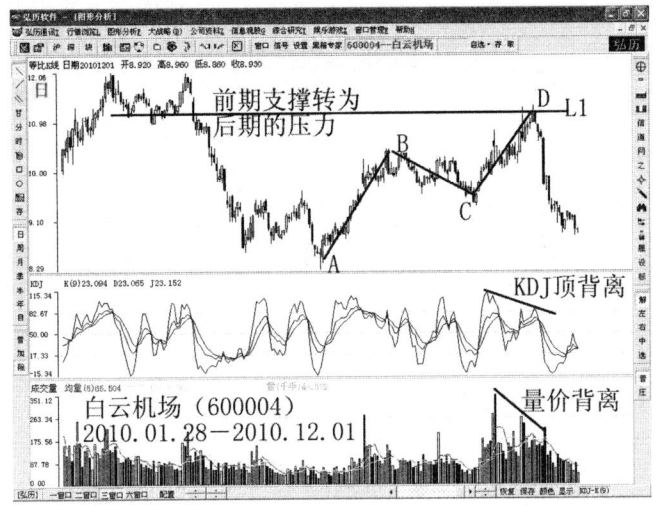

图 1.4-3

说明：上图为白云机场（600004）自 2010 年 01 月 28 日至 2010 年 12 月 01 日的日 K 线走势图。

首先，当股价在 C 处形成拐点，确认出现上升趋势后，我们可以按照前面讲过的对称法则测顶。按照对称法则的测算，股价自 C 处开始上涨后，预期的上涨幅度大约等于股价自 A 至 B 的上涨幅度，此位置大约估算对应的价位在图中的 D 处。

具体计算过程为：首先计算 AB 段的上涨幅度=B 处的价格−A 处的价格=10.02−7.96=2.06 元。然后计算自 C 处开始的后期上涨目标即 D 大约=C 处的价格+AB 段的上涨幅度=8.97+2.06=11.03 元。

另外，股价自前期形成"M"头之后，颈线 L1 在市场中的作用即从原来的支撑转换为后期上涨的压力。颈线的价格水平线大约为 10.50 元左右。

将上述两个角度（即对称测顶和压力测顶两个角度）得到的压力位进行综合分析，大约可以预期股价自 C 开始上涨之后，上涨的幅度约在 10.50 元至 11 元之间，这对于 C 处 9 元左右的价格来说（实际为

8.97元。在实战中,为了以后买卖的时候做到果断,最好不要在具体价格上过分计较,弄个大概数字即可),10.50元与11元这两个价格基本上可以看作是一个比较接近的价格区间。那么,D这个位置极易成为自C开始的上涨途中的阶段性顶部。

后期,当股价上涨至D处,指标也出现了顶背离的迹象,基本可以断定这个位置暂时是一个阶段性的高位(当D处出现顶部的K线组合,即可卖出)。

在利用历史上的高、低点作为压力测顶的时候,需要注意以下几点:

1. 寻找的前期高位(低位)是一个价格区间,不是一个具体的点。如图1.4-2,A与B之间的价格区间是压力区域。

2. 当股价第一次接触前期有集中交易的价格区间,成交量不能放大,或者是放大成交量却不能超越前期高点,往往会成为阶段性头部(集中交易包括盘中出现大单子集中买卖的价位,以及K线图上对应成交量较大价位这两种情况;区别在于盘中的集中交易是超级短线的测顶参考;日线是短线的参考,周线或者月线是中长线的参考)。

3. 注意多个角度寻找压力。一旦多个角度寻找到的压力基本在同一个价格区间时,该价位容易在后期对股价形成较为有效的压力。例如图1.4-3中的D处。

4. 如果重要的支撑被跌破了,股价会去寻找下一个支撑,如果两个支撑之间差价太大,当跌破第一个重要支撑的时候,也算是顶部。

第五节 均线测顶法

利用均线分析股票,是一种既传统又经典的技术分析方法。均线既能够客观地反映趋势,又能在某些时候对顶、底有一定的预见性,因

此，深受技术分析者的喜爱。

但初学者往往认为均线滞后，他们认为假如等股价跌破了均线再来采取行动就已经太迟了，其实这是机械地使用均线的结果。要想灵活地运用一个指标，首先要懂得指标的基础原理。

均线反映了市场的平均价格。当股价远远地高于市场的平均价格的时候，人们有小富即安的思想，因此，一旦市场的实际价格过度地偏离了市场的平均价格时，会引发投资者出现集中的兑现抛售，股票的价格因此受到较大的卖压转而向平均价格靠拢，导致股价形成阶段性的顶部。均线测顶法，实际上就是上述思路的具体体现。

一、股价在均线的上方时如何测顶

股价在均线的上方时，是测顶要考虑的关键因素是人们在单位时间内的赢利预期，比如说，大多数人决定比平均价格高20%卖，那么平均价格上方的20%基本上就是顶了。这里还有一点需要注意的是，这个平均价格指的是多长时间的平均价格，如果没有一个统一的时间标准，人们的行为其实也不会统一。一般的情况下，人们对短线的忍耐预期最长不会超过一个月，即20个交易日左右。也就是说，假如人们决定20个交易日内赢利20%卖出，那么，在20个交易日之内的平均价格上方的20%就会是顶部。所以，短期利用均线测顶的话，基本上使用20日均线即可，当然，有些人在实战中，有着自己使用均线的不同参数，那么可以参考我讲的方法，然后使用自己已经运用熟练的均线即可。如果你已经有了炒股的一些基础知识，可以考虑把我讲的方法变通一下运用到你熟悉的知识中，这样的学习效果会更好。

上面的关于"20%"或者"20日均线"等数字，只是我为了说明道理和思路随意举了一个例子，实际上，当股价在均线上方需要测算顶部的时候，大家需要按照以下的步骤和方法进行：

1. 首先确认一条均线（或者可以附加在K线图上的类似于均线类

的指标,例如:EXPMA、彩虹线、进出线,等等)。

2. 根据以往股价运行的规律,即股价前期已经确认过的顶部曾经在这条均线的上方偏离该条均线的幅度。

3. 根据以前的规律中的偏离幅度,测算现在的上升高度。

如下图:

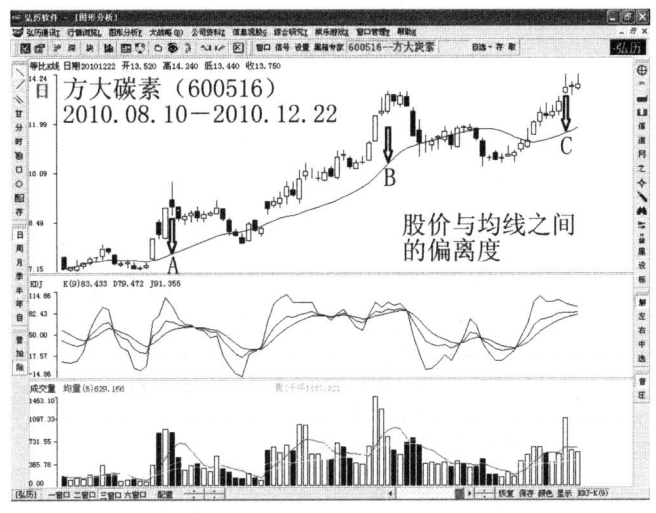

图 1.5-1

说明:上图为方大碳素(600516)自 2010 年 08 月 10 日至 2010 年 12 月 22 日的日 K 线走势图。图中使用的均线是 20 日均线。我们以此为例,按照上面的操作步骤进行测顶:

1. 因为该股前期较为稳定地沿着 20 日均线上升,所以确认使用 20 日均线。

2. 图中按照 20 日均线计算前期出现过的高位(即 A 和 B 处)的股价与该均线的偏离幅度,具体的计算过程如下:

A 处:该位置对应股价当日的最高价是 9.78 元,最高价对应的当天的 20 日均线为 7.62 元。所以,A 处股价距离 20 日均线的偏离幅度为 9.78-7.62=2.16 元(约为 28%);

B 处:该位置对应股价当日的最高价是 13.40 元,最高价当天对应的20日均线为10.40元。所以，B处股价距离20日均线的偏离幅度为13.40-10.40=3元（约为29%）；（注意：使用这个方法时，如果参考的数据A和B之间距离现在很近，可以按照计算出来的价格为准，比如上面说的2到3元，如果参阅的数据间隔时间很长，且距离现在也很长的话，则可以按照偏离幅度的百分比来算，比如前面说到的28%左右。）

然后，总结一下A和B处偏离均线的规律，即该股的股价在20日均线上方大约28%左右或者说是2元多，最多3元就是高位。

3. 现在C处，对应的20日均线是11.58元，按着第二步中计算的偏离度来看，上方28%左右的价位大概是13.90元，或按着2到3块来说，大概是13.58元到14元58元。综合这两个数字来分析判断，基本上预期股价大约会在14元左右即满足以前见顶的规律，而现在实际的最高价是14.24元，因此，基本上可以认为该股短线差不多涨到位了，随时会形成阶段性的顶部。

这里，需要特别地说明一下，这个方法的主要应用思路是：在跟踪趋势的前提下学会判断短线的顶部，即既要参考均线的方向判断股票原有的趋势是否持续，又要随时注意关注股价偏离均线的程度来研判阶段性的顶部，这一点还希望大家一定要注意。

通常的情况下，大家会看好一只运行在均线上方的股票，但是在介入的时候常常会很纠结。不买吧，害怕还涨；买吧，又怕买在高位；而持有这样一只股票的人，有时候心情也会很纠结。不卖吧，害怕跌下来；卖了吧，又害怕还没涨完。其实，在这种情况下可以利用这个方法来判断一下股价是否还有上升的空间，像上面的案例就不适合买了，因为几乎没有上升空间了。如果你想买，就可以等它调整下来的时候再说；如果你有这个股票，在判断短线做头的时候，一旦确认盘中出现较大的买卖盘，股价滞涨，或者是冲高回落跌破较大买卖单成交的价格区间，即可以高抛；然后等待调整下来的时候再找机会买回来。

第一章　如何预测顶部

这个方法绝大多数的情况下适合测算近期的高位，不适合中长线的测算。在用这个方法的时候，我需要再重复强调一下，首先是跟踪趋势，每天涨的话，就每天算一下（因为均线也在涨），只要没到你测算的目标，均线也没走坏，又没出现做头的迹象，那就继续持股；如果实际涨的比你计算的高了，就开始逢高抛售你手中的股票（涨停了除外）。或者是从启动点开始计算一个大概的上涨目标，然后进行跟踪，直到出现头部特征（这种方法是常用的）。

上面讲的是股价在均线上方的测顶方法，那么，当股价在均线的下方的时候，该如何测算顶部呢？

二、股价在均线下面时如何测顶

这个其实很简单，文章的开头我们讲过，当股价在均线的下方时，即意味着实际价格低于市场的平均价格，此时一旦股价回到市场的平均价格附近，代表平均价格的均线就成为股价上涨的压力，保本或者止损的心理就会引发市场出现集中抛售。因此，当股价在均线下方时，看看股价上方面临的均线，就是它上涨的目标位。如果股价上方有多条均线的，以上一次遇阻回落的均线为主要参考均线。

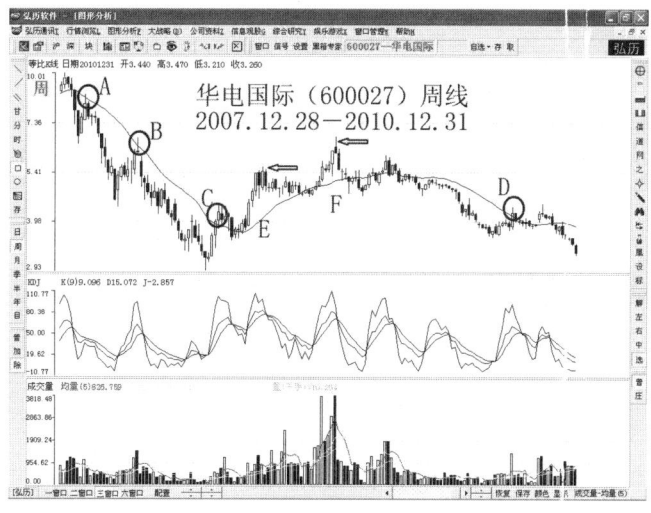

图 1.5-2

说明：上图为华电国际（600027）自2007年12月28日至2010年12月31日的周K线走势图。上图中使用的是20周均线，图中A、B、C、D几点都是股价反弹到大约20周均线附近结束。图中的F点和E点是股价处于均线上方时，两处最高价与均线的偏离幅度都差不多。E点之后的调整，正好接近了20周均线之后结束，因此，证明20周均线是该股比较有实战价值的一条均线。（这个研判过程，是为了寻找个股可供参考的比较有实战价值的均线。）

以上用均线上方和均线下方两种情况给大家讲解了如何参考均线测顶，在实战走势中使用以上方法时，有以下几点需要注意：

1. 均线那么多，选择哪一条均线合适

解决这个问题最简单的办法，就是参考已经走完了的行情。即在已经结束的行情中，哪一条均线起的实战参考作用大，或者说哪一条均线相对准确概率高，就用哪一条均线。比如图1.5-2中寻找均线的过程。

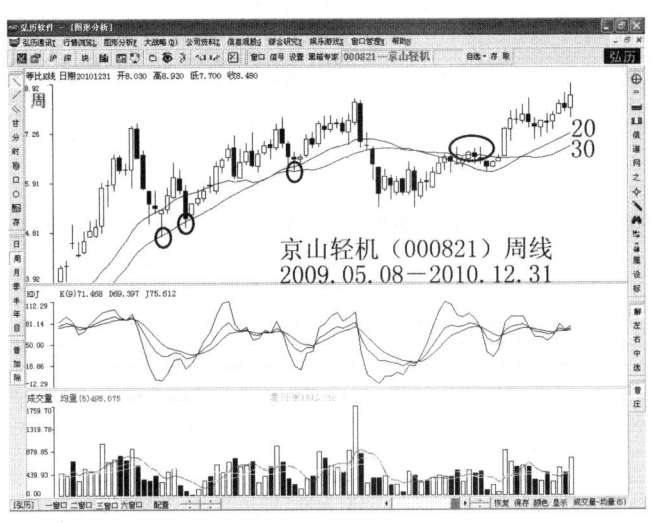

图1.5-3

说明：上图为京山轻机（000821）自2009年05月08日至2010年12月31日的周K线走势图，图中的两条均线分别为20周均线和30周均线，从股价的走势中可以明显看到，30周均线所起的压力和支撑作用的成功概率要大于20周均线。因此，在选择均线时，该股可以选择30周均线。

第一章　如何预测顶部

2. 均线上方的偏离幅度有时大，有时小；上涨的速度有时快，有时慢。情况复杂，但记住一条规则即可，就是上涨快的时候与上涨快的时候比，上涨慢的时候与上涨慢的时候比，即从历史上找到一段跟近期走势类似的行情进行对比。另外，均线刚向上翘头的初期和均线已经从上升都走平了，偏离幅度略有差异，多数情况下，均线刚翘头的初期，股价偏离度大于均线已经由上升到走平时期股价与均线的偏离度。

3. 均线的首要任务是追踪趋势，次要任务是看偏离幅度。如果均线跟股价的走势缠绕在一起时，虽有股票会以均线为中心上下震荡，但多数股票的计算没有意义。此时可以参考乖离率指标的摆动高度来测算股价阶段性的顶部。

4. 股价在均线的上方，不能利用均线来计算中长期的上升幅度，只能计算短线的或者是最近一个波段的行情的上涨目标。中长期的顶部可以按照这个方法在周线或者月线上使用。

第六节　黄金分割测顶法

当我们利用黄金分割法预测股价未来的顶部时，需要根据两种不同的情况区别对待，一种情况是该股股价目前运行在前期高、低点之间；另一种情况是股价创了历史新高。其实，我们在利用任何技术指标进行技术分析的时候，都应当注意这个问题，虽然我们利用的是同样一个指标，但由于股价运行的情况不同，因此在使用具体某一个指标时，方法也应该有所不同。

一、股价运行在前期的高点和低点之间如何进行黄金分割测顶

当一波下跌行情结束之后出现反弹时，如下图，股价从 B 点开始

反弹，此时，需要预测后期的反弹高度，然后根据反弹的高度来制定操作的策略（比如，没有该股的人经过测算之后，决定是否参与；持有该股的人，决定什么价位卖出）。

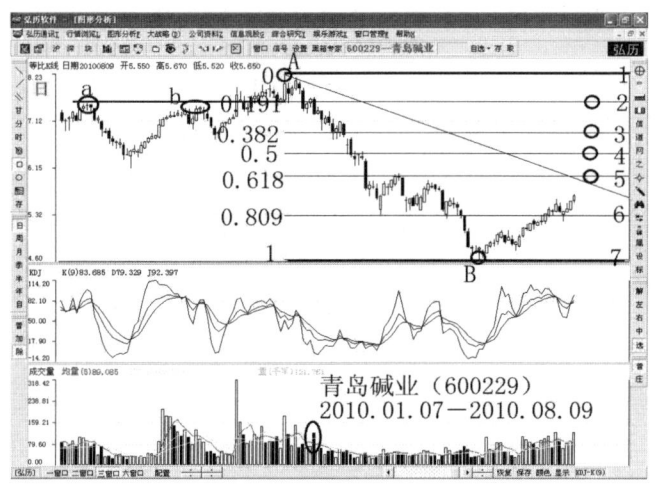

图 1.6-1

说明：上图为青岛碱业（600229）自 2010 年 01 月 07 日至 2010 年 08 月 09 日的日 K 线走势图。股价自最高 A 点 8.23 元一路暴跌到最低 B 点 4.60 元。当从 B 点开始的反弹被确认之后，就需要测算反弹的高度。需要注意的是必须确认下降趋势结束、上升趋势开始，才能测算反弹高度。若不能确认反弹结束，那么测顶是没有意义的。

具体方法如下：

1. 做黄金分割线。截取前面一个阶段行情的最高点 A 和最低点 B，用软件画线工具中的黄金分割线功能，对 A 点和 B 点之间进行黄金分割，便会画出黄金分割线，即横线 1（即黄金分割的 0 分位）、横线 2（即黄金分割的 0.191 分位）、横线 3（即黄金分割的 0.382 分位）、横线 4（即黄金分割的 0.5 分位）、横线 5（即黄金分割的 0.618 分位）、横线 6（即黄金分割的 0.809 分位）、横线 7（即黄金分割的 1 分位），（实际当中，没必要死记硬背这些个具体的分位的数字，只要能记住 1、2、3、4、5、6、7 横线就可以，并且知道这些横线都有压力或者支撑的作用就行了)。

2. 找到现在股价上方的横线,这就是压力。从图 1.6-1 中可以看到,现在股价上面的是横线 2、3、4、5,这些横线就是现在股价后期上涨对应的压力位。

其中,每一条横线都有可能成为最终的反弹目标位。但到底哪一条横线的概率大呢?哪一条横线会成为股价后期反弹的高位呢?

3. 判断哪一个压力最重要。在一般的情况下,黄金分割线中的 0.382、0.5 和 0.618 比较重要。比如说,当一只股票从 20 元跌到 15 元后出现反弹,黄金分割线的 0.5 分位即 (20-15)×0.5=17.5 元处则容易反弹结束。

其实,在任何一种测顶的情况下,或者说任何一种方法的测顶,都可以换另外一个角度理解,即相当于在股价上涨的过程当中,去寻找未来下一个上涨的压力位。

绝大多数情况下,股票上方的压力不止一个,有的压力仅仅是暂时阻止了股价的上涨,股票经过调整之后还会继续上涨,这样的压力会使股票出现短期的顶部;有的压力是彻底改变了股价的上涨,导致股价由升转降,即我们所说的中期和长期的顶部。而黄金分割法的使用,就是首先帮助我们找到上方的压力,其次,我们根据对每一档压力的具体对比分析,来判断哪一个压力有可能成为最终阻止股价继续上涨的最大压力,从而成为阶段性的顶部。

我们在压力与支撑一节中谈过如何辨别哪个是较为重要的压力,其中,成交量是很重要的参考(另外还包括停留时间的长短、距离现在的远近、某些习惯性的数值)。在上面的 2、3、4、5 条横线对应的股价中,横线 2 处的股价对应着集中放大的成交量,且在前期走势中,也曾在与横线 2 价位相同的 a、b 两处的价位附近有过长时间的停留,因此,横线 2 处的压力成为测顶的最终目标的概率最大。我们通过后来的走势,进一步说明一下:

卖在顶部

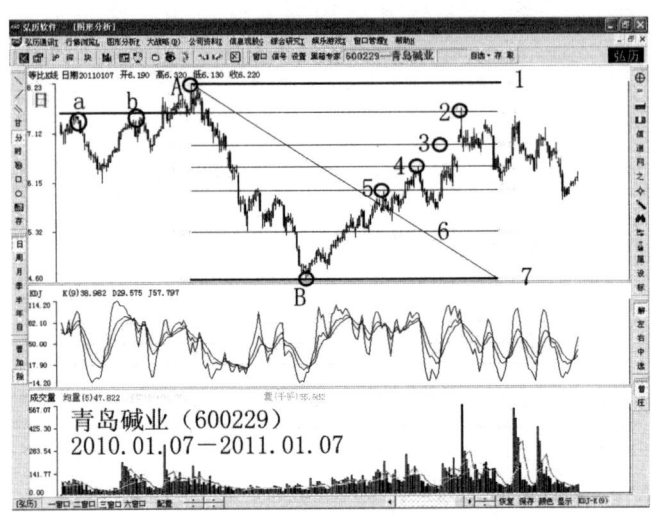

图 1.6-2

说明：上图为青岛碱业（600229）自 2010 年 01 月 07 日至 2011 年 01 月 07 日的日 K 线走势图。图中，我们可以看到，通过黄金分割找到的 2、3、4、5 条横线所在的价位，短线都曾制约过股价的反弹，都体现了压力，股价都曾经在这些位置形成了短暂的顶部；但最终，2 那条线阻止了股价的继续反弹，成为反弹最终的目标。

除去考虑成交量的因素之外，在实战中，黄金分割的重要位置是横线 3、4、5，即 0.382、0.5、0.618 分位，通常会是黄金分割测顶法中比较重要的测顶的参考。

二、创了历史新高的股票如何进行黄金分割测顶

对于创新高的股票，因为没有了历史套牢盘，人们通常的观点就是上方没有压力了，上涨空间打开了；但是，一点儿压力没有是不可能的，或多或少的总会有压力；这种压力来自于已经持有该股的股民对自己赢利预期的、潜在的满足感，类似于"我 15 块钱买的，准备 20 块卖出"这样的想象，也叫心理压力。我们可以利用黄金分割的办法来测算股民潜意识中的赢利预期。如下图：

第一章 如何预测顶部

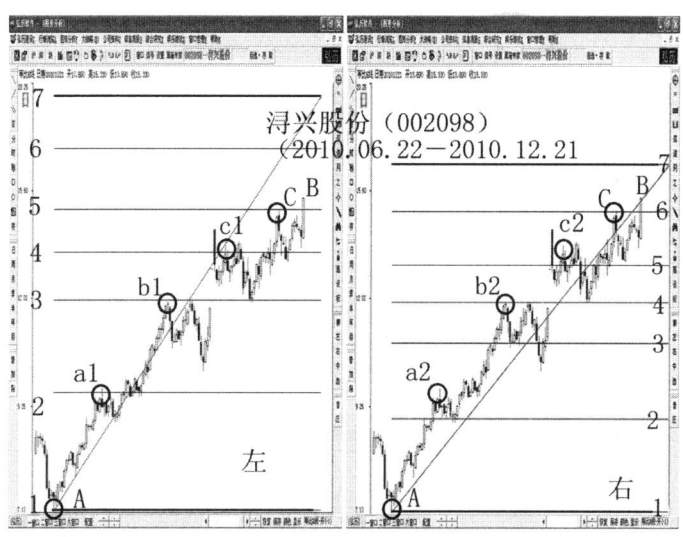

图 1.6-3

说明：上图一左一右是两幅图，都是浔兴股份（002098）自 2010 年 06 月 22 日至 2010 年 12 月 21 日的走势图。股价自 A 点启动上涨至 B 点（最新的价格），创了近期历史新高，在这种情况下，该如何测算股价下一步的上涨目标呢？

具体的方法如下：

1. 首先，确认起点。找到所要测顶的行情波段的起点，作为黄金分割的起点。比如上图中，以 A 点为起点。

2. 通过确认黄金分割的最佳位置，找到黄金分割的终点。

当确认了起点之后，接下来最重要的工作，就是要确认黄金分割的另外一个点——终点，这个终点就是我们要预测的阶段性的顶部。

在上面图 1.6-3 中，确认了 A 点为启动点之后，还需要再找一个点，才能开始做黄金分割线。我们找到图形中的 C 点，C 点是临近 B 点之前的一个阶段性的高点。找到了 C 点之后，我们需要画黄金分割。

此时黄金分割的画法就是：用横线 1 对准启动点 A，然后用横线 6 对准 C 点（如图 1.6-3 中右侧的图形），或者用横线 5 对准 C 点（如图 1.6-3 中左侧的图形），以此类推，用横线 3 或者 4 对准 C，这样，因为 C 点对准的横线不一样，所以黄金分割的位置也不一样，黄金分割的位置不一样，因此横线 7 的位置也不一样，那么到底哪个横线 7 的准确概率较大呢？

此时，需要观察压力和支撑的有效性。如图 2.6-3 中，左右两侧图形，左侧图形中的 a1、b1、c1 点跟横线 2、3、4 基本吻合，而在右侧的图形中，a2、b2、c2 和横线 2、3、4 的吻合度就比左侧的差了些，只有 b2 跟横线 4 吻合。相比之下，左侧的图形黄金分割线的横线跟股价前期已经形成的高点的吻合度较高，所以，左侧的黄金分割线的位置要优于右侧图中的黄金分割线的位置。位置合适，跟横线吻合，就是表明横线的压力的确有作用，这样横线 7 也会将来有作用；位置不合适，跟横线的压力不吻合，说明黄金分割不起作用，将来横线 7 也不一定起作用。

所以最终可以确认左侧的黄金分割线的位置就比右侧的黄金分割的位置合适。

按照这样的方法，最终找到的横线 7，就是未来股价运行的上方的阶段性的高位。这样的话，就可以利用黄金分割法去测算已经创新高的股票的未来顶部。

当然，在上面的图形中，也可以首先确认 A 为起点，然后用横线 2 或者 3 或 4 等放在 a1 点上，看看以后的 b1、c1 等是否在其他的横线上，如果吻合，就说明按照这个黄金分割的方法可以测算阶段性的高位。

其实，黄金分割是比较简单的一种测顶的办法，虽然我前面用了很多文字来描述，其实只是为了能说得仔细些，能让你可以看懂，但更重

第一章 如何预测顶部

要的是学会，并且应用。当你理解了之后，事情也就变得简单了。比如图 1.6-4：

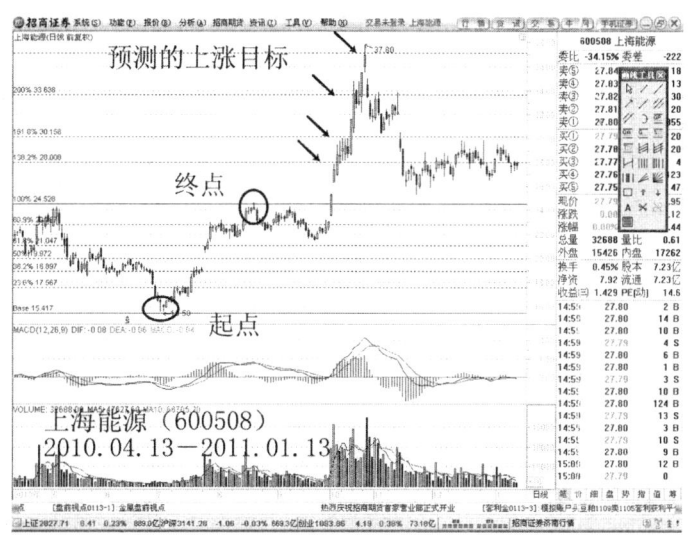

图 1.6-4

说明：上图为上海能源（600508）自 2010 年 04 月 13 日至 2011 年 01 月 13 日的日 K 线走势图。利用软件画线工具箱中的黄金分割功能，确定起点和终点之后，就能自动测算股价后期上涨的目标位。

三、黄金分割测顶的注意事项

1. 黄金分割关键是确定起点和终点。

2. 起点与终点之间的时间间隔的长短，决定测算的顶部级别的大小。间隔时间短，测算的是短期顶部；间隔的时间较长，顶的级别相对较大。

3. 黄金分割测顶法使用在创新高的股票上，效果优于其它的指标测顶法。

第七节 通道线测顶法

当一只股票出现两个明显的、间隔时间超过一周以上的拐点（两个高点和一个低点或者是两个低点和一个高点）以后，我们就可以做出它的虚拟的运行通道，并按照这个通道去测算股价未来运行的顶部。

一、通道的上轨测顶法

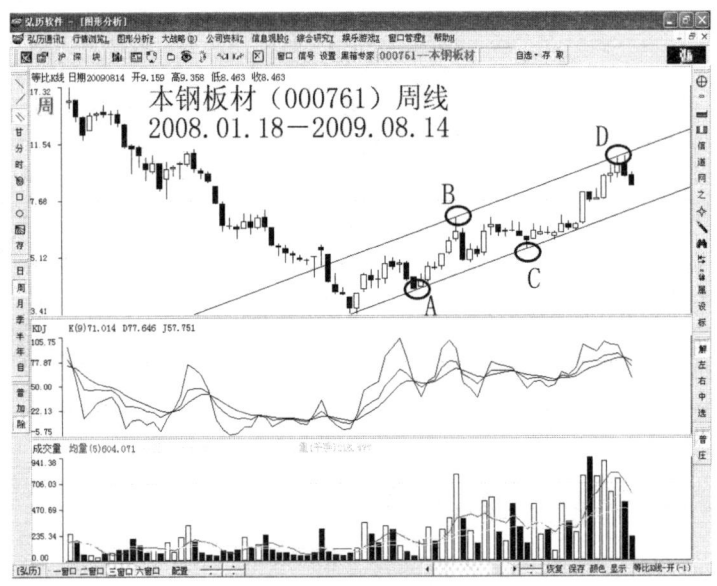

图 1.7-1

说明：上图为本钢板材（000761）自 2008 年 01 月 18 日至 2009 年 08 月 14 日的周 K 线走势图。当股价出现 A、B、C 三个市场的拐点之后，经过 A、C 做上升趋势线，经过 B 做其平行线，那么，这条平行线，可以用来预测后期股价运行的顶部。该股后期在 D 处触及这条平行线之后，确认了这条线的预测作用。

第一章 如何预测顶部

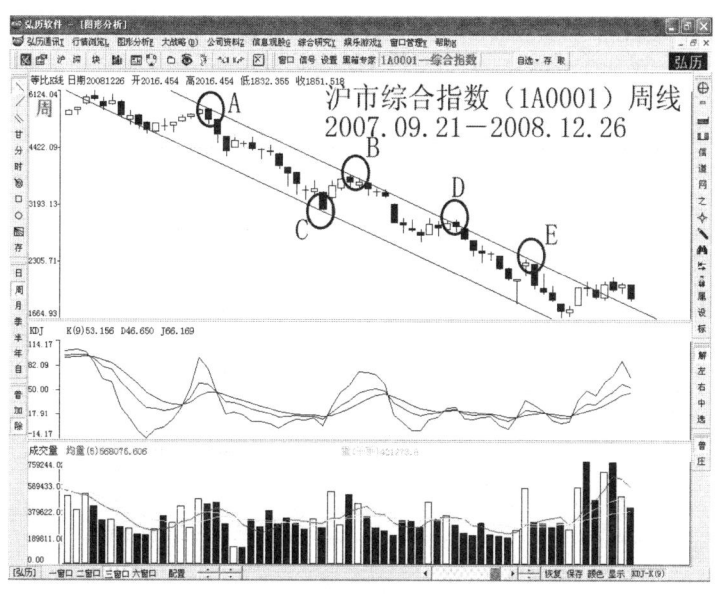

图 1.7-2

说明：上图为沪市综合指数（1A0001）自 2007 年 09 月 21 日至 2008 年 12 月 26 日的周 K 线走势图。经过 A、B 做下降趋势的趋势线，经过 C 做下降趋势线的平行线，那么上轨对后来的股指反弹起了约束的作用。股市反弹至 D、E 均受到上轨的约束，形成阶段性的高位。

二、通道测顶注意事项：

1. 通道上轨测顶只是预期的分析，一旦实际走势中出现偏差，要及时调整预期的分析。比如在上升通道中，假如股价没打到上轨就出现头部迹象，说明股票上涨的速度减弱了，要降低预期，提高警惕。

卖在顶部

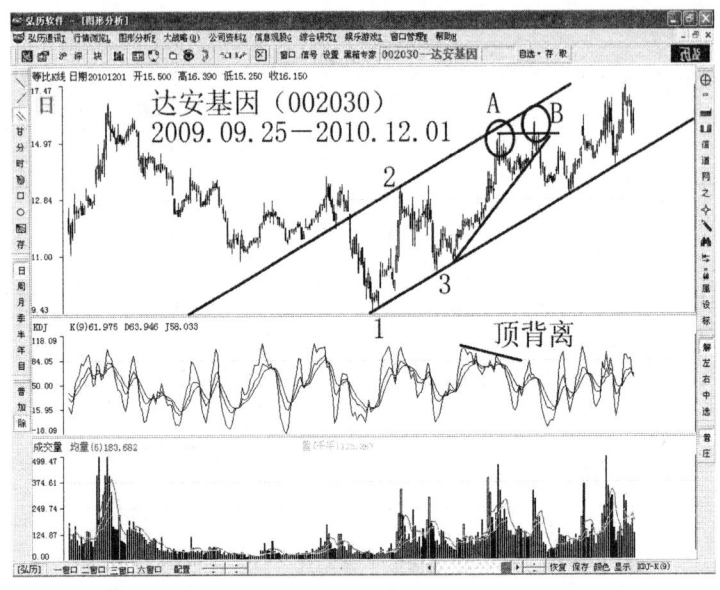

图 1.7-3

说明：上图为达安基因（002030）自 2009 年 09 月 25 日至 2010 年 12 月 01 日的日 K 线走势图。连结 1、3 点做上升趋势线，经过点 2 做其平行线，就是上升通道的上轨。股价自点 3 的位置开的反弹，预期的高度是上轨，后来，当股价到 A 点后，即将触及上轨，但稍微差了一点，还没触及上轨，股价就出现了调整，当股价调整至 B 时，KDJ 出现了顶背离的顶部迹象，说明上涨减速了，该位置成为顶的概率非常的高。不能刻板地非要等着股价去触及上轨。

2. 上升或者下降角度较为陡峭的通道比较适合用来识别顶部而不是测算顶部。

3. 不建议初学者使用通道测顶法，因为初学者画的通道也许本身就不合适。

4. 一个较为平缓的通道被突破之后，往往接下来会运行同样幅度的通道。

第一章 如何预测顶部

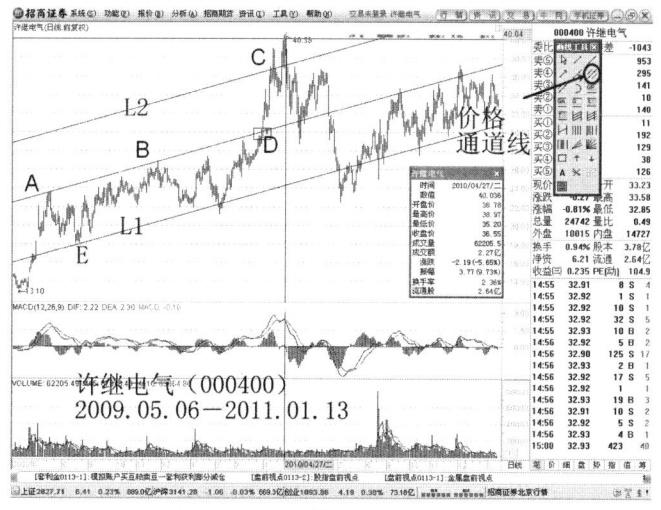

图 1.7-4

说明：上图为许继电气（000400）自 2009 年 05 月 06 日至 2011 年 01 月 13 日的日 K 线走势图。图中股价自 D 处突破了较为平缓的上升通道 L1 后，股价最终的上涨目标是通道 L2 的上轨，而通道 L1 与通道 L2 的幅度是相等的。（通道的画法：选择画线工具箱中的"价格通道线"，连结 A、B 两点之后，经过 E 点，就得到 L1 和 L2 两个幅度相等的通道，股价自 D 处向上突破之后，最终股价止于 L2 的通道上轨附近。

第八节　测顶注意事项

所谓预测，是指在掌握现有信息的基础上，依照一定的方法与规律对未来的事情进行测算，以预先了解事情发展的结果。

在预测的定义中，有几个要点：

1. "在掌握现有信息的基础上"，这是预测的前提。预测必须是以现有的信息为依据，而不是以道听途说的信息为依据；测顶必须根据股票现在的实际走势为依据，而不是主观臆测，置事实于不顾，明明股票还没有摆脱下降通道，却非要幻想着它能涨多高。

2. "依照一定的方法",这是预测的保障。预测必须有一定的方法。方法很重要,掌握了一定的方法,才能保证我们的想法得以实现。

本章节从不同的角度出发,介绍了价格对称测顶法、形态测顶法、密集成交区测顶法、均线测顶法、黄金分割测顶法、通道测顶法总计六种预测顶部的方法。在实战中,你其实只要熟练掌握并坚持使用其中一到两种,其他的方法做为了解即可。

3. "依照一定的方法与规律",不仅仅是方法,还要学会总结规律;其实,我们研究股票的目的就是希望能找到可以利用的规律,以增加我们炒股的胜算。因此光有方法不行,还必须要学会发现规律。

图 1.8-1

说明:上图为万科A(000002)自2007年10月16日至2008年04月22日的日K线走势图。图中A、B、C、D、E分别是下跌途中反弹的高点,其中,B距离A(22.77-21.05)= 1.72元;C距离B(21.05-19.52)= 1.53元;D距离C(19.52-17.99)= 1.53元;E距离D(17.99-16.58)= 1.41元;

通过计算,我们可以看到基本上A、B、C、D、E这几个高点之间相差的距离差不多,至少,如果前面两次能总结一下股价运行规律的话,就可以在后面逃顶的时候用得上。

第一章 如何预测顶部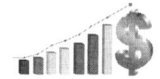

对于本章中介绍过的测顶方法，在具体到个股应用的时候，最好能够先观察一下个股的股价运行规律，然后再选择适合的方法。使用符合规律的方法，成功概率会大大地提高。违背规律的方法哪怕是再经典也不实用。

如果你是新手，还不能总结股价运行的规律的话，那么，也要注意每一种测顶的方法的适用环境，你可以把本书当成是一本工具书，当你在实战中临时遇到要不要逃顶的时候，把书翻开，来对号入座的结合实际走势寻找答案就行了。

本书讲的预测方法是都是在实战中检验过了的，但是，预测毕竟是预测，预测也有预测的风险，那就是万一测不准怎么办？

实际上，预测得不绝对准确是必然的，"绝对测得很准"是偶然的。股市本身的魅力就是朝向大多数人意外的方向发展，不然，如果股市都跟大多数人的预期一致，大家的交易行为也就会一致，要买都买，要卖都卖，股市最终也就没有交易了，股市必须出现相反的交易行为，交易才能得以持续下去。

在实战当中，既然不可能绝对预测的准确，那么预测还有什么意义呢？其实，测得准有意义，测不准依然有意义。要想真正理解这句话，必须真正理解预测的意义。

股市中，无非会有预测准确和预测不准确两种结果。预测的目的在于帮助我们提前制定我们的交易策略。当预测准确的时候，它可以帮助我们做到未雨绸缪，但当你预测不准确的时候，如何能够把测不准的结果变得对我们的操作有利呢？

要想当预测不准的时候，也能对我们后期的操作变得有利，必须要明白预测只是一种预期，测准的时候，你只需要按照你的预测去执行你的操作策略就可以了，但当测不准的时候，除了必须根据实际的走势赶紧纠正自己的操作策略之外，还必须把实际走势跟预期进行对比，借以判断实际走势的强弱，这样也好为下一步做打算。

卖在顶部

图 1.8-2

说明：上图为大众交通（600611）自 2010 年 09 约 08 日至 2011 年 01 月 10 日的日 K 线走势图。如上图，A 那天最低点 8.04 元，B 那天最高点 9.75 元，从 A 到 B 的累及上涨幅度是（9.75-8.04）=1.71 元，C 点的最低 8.87 元，按照价格对称测顶法，即 AB 之间的上涨幅度约等于 CD 之间的上涨幅度，所以，预估 D 为，8.87+1.71=10.58 元，而实际上，D 当天最高是 10.44 元，第二天最高是 10.45 元，此时，距离测顶的距离已经很近了，并且 D 当天是涨停报收，如果我们按照常规的思路去考虑的话，D 的涨停是强势，且距离测顶的上涨目标也还没到，按照这个常规的思路去考虑，会继续持股，可后来实际走势发生了变化，当后期股价跌破了 D 当天阳线的一半，基本上可以认定，我们测算的顶部暂时到不了了，在这种情况下，要修正当初的预期分析，当股价跌破 D 大阳线的一半时候，或者 D 后面出现大阴线的时候，要果断地把股票卖掉，因为，通过实际走势和预期分析的对比，股价的走势比想象中的要弱。多数情况下，股票到不了测算的顶部的话，就会达到测算的底部。

当测不准的时候，除了要马上判断实际走势比预期走势强（或弱）之外，还要马上分析一下问题出在了哪里，下面的这些因素都会影响到预测的准确性：

1. 大盘的系统性的风险。也许按照个股的走势规律测顶的话，还没有达到上涨的目标位，但是此时，大盘到了阶段性的头部，因此，个

第一章 如何预测顶部

股会受到影响。

2. 个股主力操纵的因素。个股如果主力操纵较为明显的话,技术分析的准确概率会大打折扣。

3. 宏观政策的影响和个股突发性事件的影响。

除此之外,测顶还要注意以下事项:

1. 测顶要与操作思路相吻合,短线操作思路和中线的操作思路要区分开。测顶的时候,要清楚所测的顶部的规模。即你测的是盘中的顶部、短线的顶部还是中线的顶部?短线的顶部可以逃也可以不逃,但中线的顶部必须要逃。

2. 分析10天之内的走势得出的结论和分析60天数据得出的结论,它们的作用显然是不同的。如果你仅仅是引用了10天左右的数据进行分析,那么得出的结论显然是对短期走势的分析结论;如果你引用的是60天左右的数据进行分析,得出的结论是中期走势的结论。所以,为了明确你的结论对后期走势的判断是否准确,必须要清楚你引用的数据涵盖时间的长短,从而明确你的结论是短期走势的结论还是中期走势的结论。

3. 若大盘处于牛市环境中,对实际的顶部目标预期可略高于预期的测顶目标;当大盘处于熊市时,对实际顶部的目标预期要低于测顶的预期目标。

4. 测得准确,要及时逃顶;测不准时,要辨强弱。即如果实际走势高于预期说明走势较强,低于预期说明走势较弱;并且需要根据走势强弱的观察与分析及时调整你后期的操作对策。

5. 测顶不等于逃顶,测顶只是为了将来逃顶做准备工作,测顶之后,还需要进一步地观察,只有在测顶目标附近出现顶部的特征时,才可以考虑逃顶。

该如何来辨别顶部的特征呢?让我们进入下一章的学习。

 卖在顶部

【本章小结】：

1. 预测顶部的目的是为了判断风险收益比；顶部就是高风险、低收益的位置。

2. 股价后期如果按照预测的走势运行，就要果断地执行预期的操作计划；后期不按照预测的走势运行，则要重新预测，并重新制订操作计划。一定要记住：测准了，要执行，测不准，要辨别强弱，并重新调整操作计划。

3. 测顶法的核心首先是找到一个参照物，然后按照这个参照物之前的走势去根据各种预测方法预测以后的走势。参照物很重要，比如价格对称法中的对称轴、黄金分割法中的起点与终点的选择、形态测顶法中颈线的选择、通道测顶法中上轨的选择、均线测顶法中均线的选择以及股价与均线的偏离幅度确定、密集成交区测顶法中前期密集成交区的选择，等等。

第二章　如何识别顶部

不会逃顶的人，既不是不会预测，也不是预测失误，最大的遗憾是不认识顶部。

认识顶部比预测顶部还要重要，因为你可以不会预测顶部，也可以预测失误，但是，不能当顶部来临的时候都你都不认识、不知道。

逃离顶部的前提是首先要认识顶部。我常听到很多人懊恼没有把握住市场的机会，其实，如果明明知道股票做头了，股民是一定会卖的！不能把握市场机会的根本原因，是因为不认识机会。同样的道理，不能及时逃离顶部的原因，就是因为不认识顶部！所以，想要及时逃顶则必须首先认识顶部。

卖在顶部

第一节　K 线识顶法

K 线分析法作为股市中最基础也是最经典的图表分析法，在识顶方面的优势是简单、清晰、易识别。K 线在某种程度上来说，也是主力操盘意图留在盘面上的痕迹，投资者如果能够读懂的话，对我们预测顶部和识别顶部是非常有帮助的。

一、一根 K 线识别顶部

如果股票到达了你所预测的顶部附近，一旦出现一根典型的筑顶 K 线的话，就表明股价极有可能是顶部了。当然，K 线的形态有太多的类型了，这里所列举的就是常见的、且准确概率较高的 K 线：

1. 压力位附近长上影线的 K 线属顶部的 K 线信号。

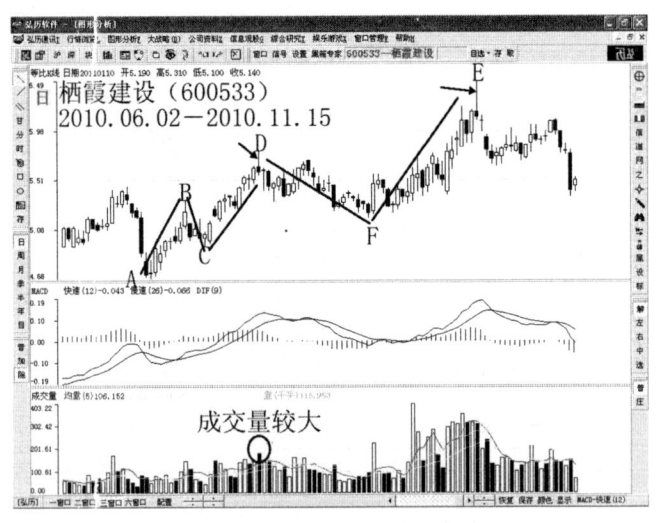

图 2.1-1

说明：上图为栖霞建设（600533）自 2010 年 06 月 02 日至 2010 年 11 月 15 日的日 K 线走势图。

第二章 如何识别顶部

按照前面讲过的价格对称测顶法，AB 段的上涨幅度＝B 处最高价－A 处最低价＝5.33 元－4.68 元＝0.65 元；大约测顶，预估未来顶部 D＝C 处的最低点＋AB 阶段的涨幅＝4.93 元＋0.65 元＝5.58 元；D 实际高点 5.78元，在 D 对应的这一天，K 线基本上达到了预测的目标位，此时 K 线出现长的上影线，预示上方的卖压较大，可以确定这个位置是顶部。

同样的方法，A 到 D 的涨幅 D－A＝5.78－4.68＝1.10 元，F 点的价格 5.17＋前期涨幅 1.10＝E＝6.27 元，这个结果就是大约预估的顶部 E 的价格（E 实际价格 6.49 元），E 这一天在基本完成上涨目标后，留下了长长的上影线，基本可以断定这个位置是顶部。

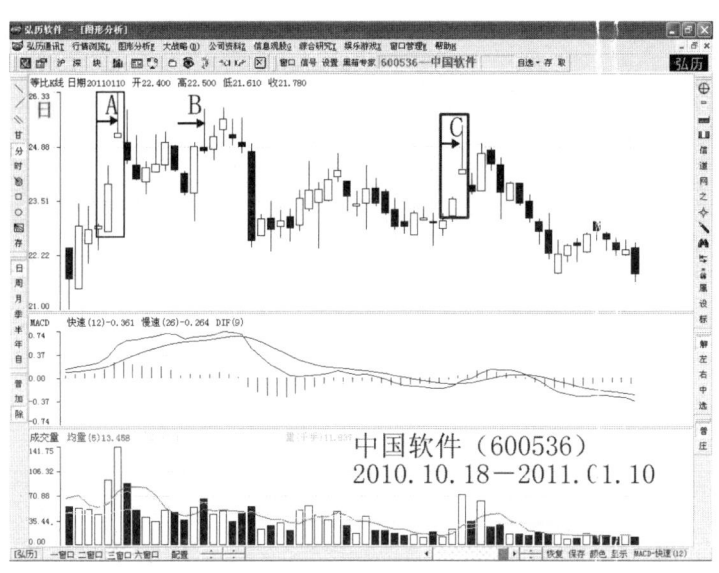

图 2.1-2

说明：上图为中国软件（600536）自 2010 年 10 月 18 日至 2011 年 01 月 10 日的日 K 线走势图。上图中的 A、B、C 三根 K 线，都是长长的上影线，A 甚至和 C 几乎一模一样，都出现在跳空缺口之后出现的长长的上影线。有人形象地比喻这样的 K 线像死人坟头的墓碑，所以称为墓碑线。一旦发现这样的 K 线，就意味着阶段性的头部到来。

2. 相对高位附近出现很长下影线的小实体 K 线也是股价即将见顶的信号。

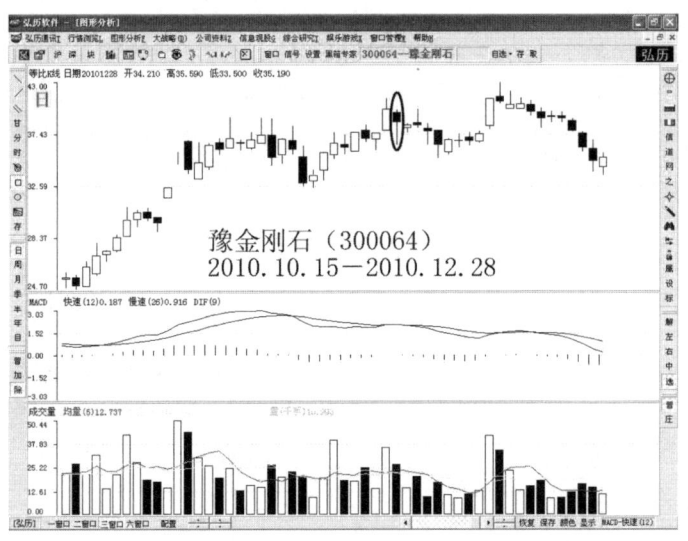

图 2.1-3

说明：上图为豫金刚石（300064）自 2010 年 10 月 15 日至 2010 年 12 月 28 日的日 K 线走势图。图中圆圈标注的 K 线，是带长下影线的 K 线，且出现在累计一段涨幅之后，这样的 K 线出现之后，股价易成为阶段性的高位。

总结上面这两种 K 线，首先都是出现在相对的高位（需要注意的是首先要计算是不是股价的上涨幅度接近预期的目标了；如果股价是出现在累计上涨幅度之后且接近预测的上涨目标附近时，才能算是股价处于相对的高位），其次它们共同的特征就是带有比较长的上影线或者是下影线。

为什么市场出现具备这样两个特征的 K 线就可以判断为顶部呢？这是因为上、下影线比较长的 K 线（阴线、阳线不重要，重要的是长

第二章 如何识别顶部

长的影线）代表着股价开始出现剧烈地盘中震荡，这种幅度较大的震荡，通常意味着多、空双方开始对后市走向发生分歧，争夺比较激烈，这种激烈的争夺，很容易引出市场前期获利盘兑现，特别是这样的震荡出现在市场累计一定的涨幅之后，更容易引发市场上短期获利盘的兑现，从而增加市场的抛压，最终导致股价形成阶段性的高位。

3. 相对高位出现放巨大成交量对应的 K 线往往意味着股价形成阶段性的头部。

图 2.1-4

说明：上图为园城股份（600766）自 2010 年 08 月 04 日至 2011 年 01 月 10 日的日 K 线走势图。分别具体说明如下：

A：相同的两个成交量，但是对应的 K 线的长短不同，说明第二根 K 线给同样的能量却涨不了那么多了，表明阻力比第一根大了，一旦后面成交量萎缩，也极易形成顶部。

B：短期股价快速集中放量上涨，累计一定涨幅之后，开始频繁出

 卖在顶部

现长长的上影线,是顶部信号。

C:巨大的成交量,比平时大好多倍,却没能突击成功上方的压力,短时的巨量,也消耗能量,如果第二天出现成交量马上缩小的情况,股价很容易因缺乏动能,而形成顶部。

4. 高位成交量巨大的长阴线属顶部 K 线。

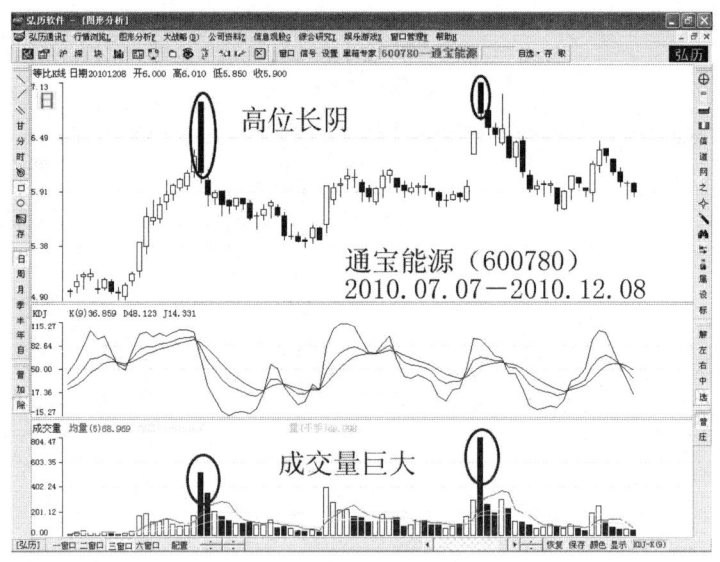

图 2.1-5

说明:上图为通宝能源(600780)自 2010 年 07 月 07 日至 2010 年 12 月 08 日的日 K 线走势图。

当股价上升到一定的幅度时,出现成交量巨大的高开低走的长阴线,我们试想一下,如果这个成交量是买的,那么股价应该大幅度上涨才对,所以,这么大的阴线,只能说明这是市场的众多抛盘导致的结果。如果有这么多人着急把股票卖掉,说明他们不看好后市,短期不会在这个位置附近再次买入的,所以股价还会继续下跌。所以,看到这样的 K 线,可以认为是阶段性顶部的信号。

第二章 如何识别顶部

5. 外强中干的高位大阳线。

图 2.1-6

说明：上图为特发信息（000070）的日 K 线走势图，鼠标打开的右图是 2010 年 12 月 14 日的分时走势图。图中表明，临近下午收盘之前，出现几笔较大的卖单，虽然当天收阳线，但是尾盘的大卖单说明危险隐藏其中了，股价极易在该位置形成阶段性的顶部。

上面给大家介绍的是几种常见的股市见顶的单根 K 线的特征，一旦在实战中发现这样的 K 线，就要引起我们的高度警惕，因为这样的 K 线出现之后，往往会意味着短线顶部的形成。但也有的时候我们不能凭着一根 K 线来判断顶部，此时就需要我们把几根 K 线结合起来分析，比如说我们可以用 2 根或者 3 根 K 线联合起来识别顶部。

二、两根 K 线识别顶部

通过两根 K 线来识别顶部，可以比一根 K 线更加稳定，更具优势，它可以使我们更加清楚地将多空双方在短时间内的力量进行对比。常见顶部形态的两根 K 线最典型的是阴包阳，当市场出现阴线包含阳线的两个 K 线组合时，要注意提高警惕，这样的 K 线组合出现在相对的高位（即或者前期阻力位附近，或者是预期上涨目标位附近，或者是指标顶背离之时）之后，往往意味着市场形成阶段性的顶部。

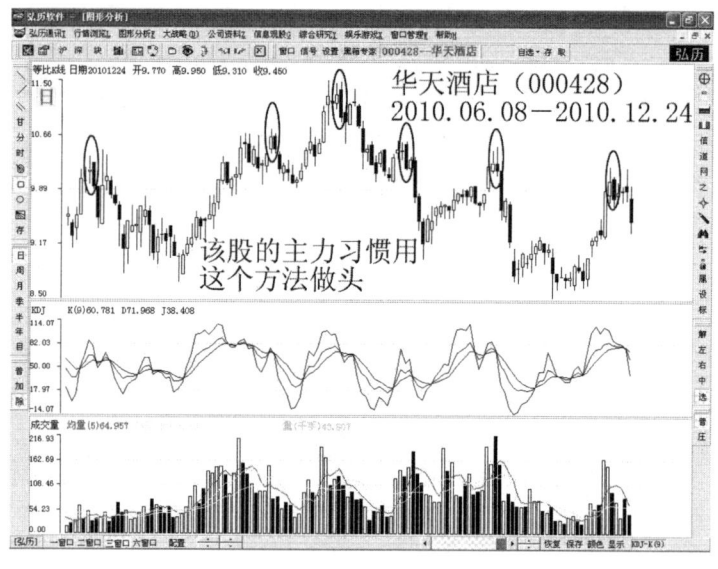

图 2.1-7

说明：上图是华天酒店（000428）自 2010 年 06 月 08 日至 2010 年 12 月 24 日的日 K 线走势图。图中两根 K 线的主要特征是后面的阴线把它前面的阳线给全部吃掉了，它意味着上一个交易日的上涨，在阴线这一天又全部给跌回去了，并且还跌多了一些，这充分说明了空方的力量很强，所以，该 K 线组合出现之后，特别是如果阴线还伴随较大成交量的话，则表明阶段性的头部已经形成。

另外，总结该股的前期顶部规律，发现该股的主力习惯用这种操盘的手法做头（找到个股的运行规律才能说明你学习进步了）。股价前一个交易日收阳线，走势良好，第二天开盘之后继续上攻，给市场一种表象似乎是股价还会继续上涨，但随后股价冲高回来之后震荡走低，说明早盘的上涨只是一种假象。主力通过这样的操盘方式是为了诱多。所以，当出现这样的K线之后，我们要提防股价做头。

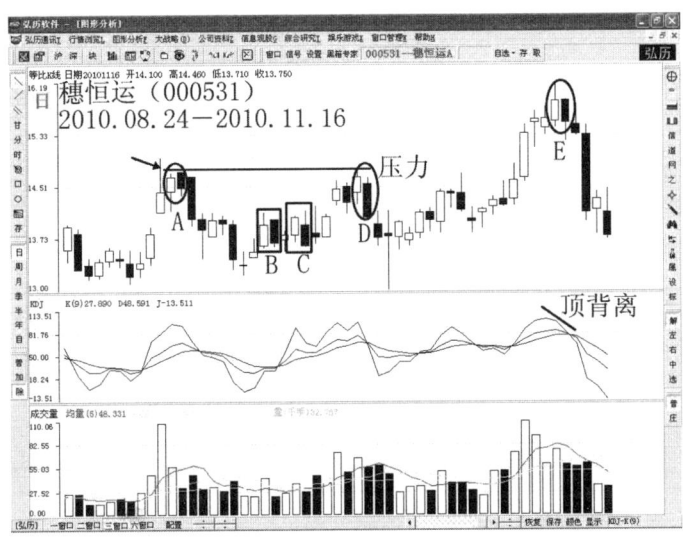

图 2.1-8

说明：上图为穗恒运（000531）自 2010 年 08 月 24 日至 2010 年 11 月 16 日的日 K 线走势图。

上图中，A、D、E 三个阶段性的头部，共同的特征都是由两根 K 线组成，并且是一根阳线和一根阴线，区别在于阳线被阴线吃掉的程度不同，有的是吃掉了一半以上，有的甚至是全部吃掉还不够，还把前面的几根 K 线都一起吃掉。虽然阴线相对于阳线的位置略有不同，但它们的大概意思差不多，都表明阳线后面的阴线所代表的空方力量很强。如果这样的 K 线出现在相对的高位（一定要正确理解高位的概念，比如，A 之前有个长的上影线说明股价处在压力区；D 再次接近这个压力位；E 属于累计上涨之后，指标出现了顶背离；这些客观上都可以表明

股价处于高位附近),则预示着股价有见顶的征兆。

图形中的 B 虽然跟 A 相似,C 虽然跟 D 相似,但是 B、C 还处在相对的低位横盘区间,因此,相同的 K 线特征,如果所处的位置不同,则市场含义不同。在利用 K 线判断顶部的时候,首先一定要看位置,即先通过测顶的方法,找到后期股价上涨的压力位,其次是结合 K 线或者 K 线组合再进一步判断股价是否有做头的迹象。

三、三根 K 线识别顶部

图 2.1-9

说明：上图为鲁西化工（000830）自 2010 年 06 月 08 日至 2011 年 01 月 19 日的日 K 线走势图。

首先利用黄金分割测顶法,以 A 为起点,B 为终点,那么 B 上方的每一条横线都是以后股价上升的阻力位。当股价运行到 C 处之后遇到阻力位出现回落,此时出现的 3 根 K 线,在理论上被称为黄昏之星,属顶部的 K 线组合。

第二章 如何识别顶部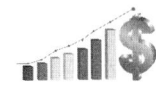

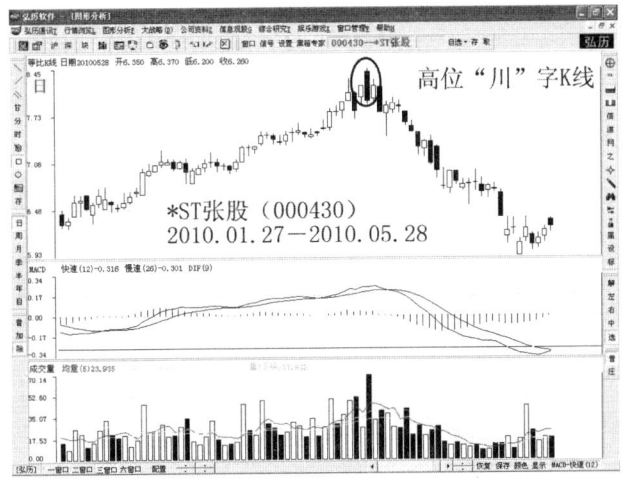

图 2.1-10

说明：上图为*ST张股（000430）自2010年01月27日至2010年05月28日的日K线走势图。图中的三根K线组合，即两根小阳线中间夹着一根大阴线，且两根小阳线的最高点都比阴线的最高点低，有点像"川"这个字，并且在高位，所以叫高位"川"字K线，也是短线见顶的征兆。

其实，K线组合的名字不重要，重要的是，这样的3根K线的主要意思是遇到上方的压力位后，出现了较为明显的调整，意味着这个位置的压力较大。下面对应的指标KDJ又出现了顶背离的征兆。这就意味着上方的压力较大，股价有见顶的意思。所以，实战中K线组合的名字不重要，重要的是，压力大了，股价过不去就会下跌，后期会下跌，这个位置就是顶部。

综上所述，K线可以帮助我们识别股价的顶部，它可以是一根K线，也可以是两根K线或者更多，以至于有了K线组合成的形态，形态除了帮助我们来识别股价的顶部，还可以帮助我们来测算顶部，关于如何测算，我们已经在前面的章节中讲过了，这里就不再赘述。

在利用K线识别顶部的时候，首先要看一下股价是否处于压力位附近，这一点很重要，只有在压力位附近，我们看到股价遇到压力回

落，或者是突破压力后又跌回到压力位之下，我们可以认定这是顶部的特征了。

如何结合压力和支撑来研判顶部，我们将在下一节中讲述。

第二节 压力与支撑位识顶法

"顶"不是最高点，是"顶部"，指的是一个价格区间，例如，图2.2-1：

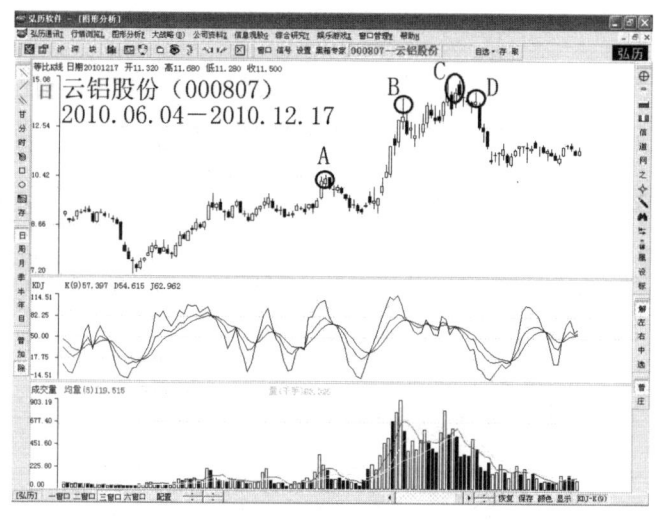

图 2.2-1

说明：上图为云铝股份（000807）自2010年06月04日至2010年12月17日的日K线走势图。上图中的A、B、C、D都可以称之为"顶"。"顶"可以像B一样是一个阶段性的最高点，也可以像C处一样，是一个价格区间。相对于D之后的价格走势，B至D之间的价格区间都可以算是顶部。虽然都是"顶"，但它们之间也有不同，A是一个短期的阶段性顶部；B是一个超短期的顶部；C是中短期的顶部；D相比C来说，虽是次高点，但相对于D后面的走势，也算是一个阶段性的顶部。尽管它们有不同，但是如果以不同时间段来看的话，它们都可以称其为顶部；你能卖在每个顶部的最高点当然最好，但是在实际操作的过程中，要树立一个正确的逃顶的理念和心态，比如

第二章 如何识别顶部

说，上面的那些顶中，你能把握住这个区域就好，如果不能把握在C处逃顶的话，按照D之后的价格看，能够B至D的价格区间卖掉也是逃顶了。因此我们要理解"顶部"的定义，顶部不仅仅是一个最高点，而是一个价格区间。

另外，在实际操作中，能抓住每一个机会逃顶当然是最理想的，如果不能，那么，在重要的顶部一定要逃。上面的图形中，C和D是非常重要的顶部，A和B次之，因为，如果你没有卖在A或者B，那么你还有补偿失误的机会，也就是说，你可以卖在C或者D；但是，如果你C或者D没卖，你后面就彻底丧失了补偿失误的机会。

要想逃顶逃得好，必须放弃卖最高的想法。卖最高只是一种理想，我们不会放弃对它的追求，不放弃追求的意思是说，不追求卖在最高，但是，要尽可能地卖在距离贴近最高价的价位附近。而你想要做到这一点，首先必须要知道顶是怎么形成的。

顶部的形成，从不同的角度解释，就有不同的原因，作为初学者来说，较为容易理解的就是在某个价位附近，按照买卖双方力量对比来说，卖方的力量占据了绝对的优势，卖方的力量超过了买方的力量，股价最终在强大卖方力量的打压下形成了顶部，这个原因也是股票形成顶的最本质的原因。如下图：

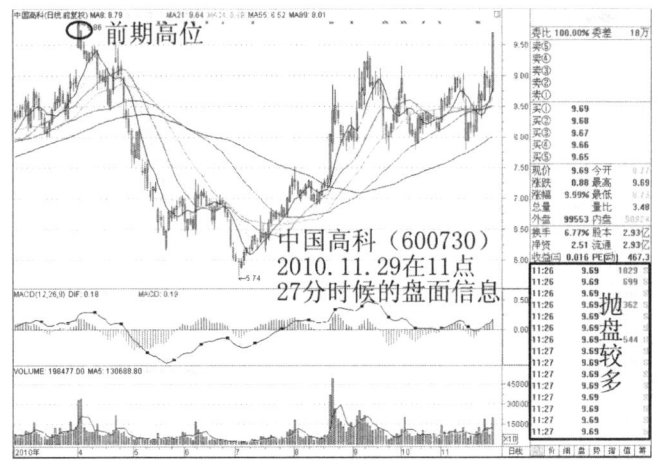

图 2.2-2

说明：上图为中国高科（600730）于2010年11月29日当天在11点27分左右时股价的走势情况和盘面的交易情况。当时股价已经打到涨停板，可是从成交的情况看，我们在成交区看到数量较大的集中抛盘，虽然对于正在封涨停板的股票来说，只剩下卖盘是正常的，但是，此时出现集中的、数量较大的抛单，说明卖方的力量明显占据绝对优势。而且，当前的股价正好接近了前期高位的压力，此时盘口出现这样的交易信息，虽然买一的价位上挂有数量较大的买单，但成交区并没有出现较大的买入成交单，表明多方封板的能力有点不坚决或者封涨停的能力较弱，加之从成交的、集中的较大抛单看，空方的冲击力量也较大，这就更加大了市场的压力，容易导致股价遇阻回落，形成阶段性的顶部。

下面是该股20个交易日之后的走势：

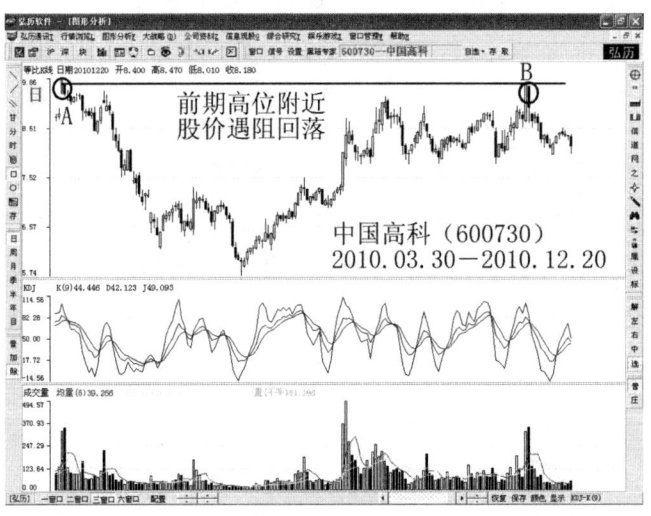

图2.2-3

说明：上图为中国高科（600730）自2010年03月30日至2010年12月20日的日K线走势图。当2010年11月29日，股价涨至B处时，在盘中遇到了卖方比较大的集中抛售（见图2.2-2），此后，股价出现了一定幅度的回落。

上述的案例说明，压力在识别市场顶部时起着至关重要的参考作用。我们一旦发现股价在压力位附近出现较大的抛盘导致股价回落（还有另外一种情况，即虽然有较大的买盘，但是股价因较大的买盘

第二章 如何识别顶部

给力也冲不过压力位），就要提高警惕。因为，这说明市场卖方的力量强大，是顶部的迹象。这样的走势很容易形成顶部。在研判市场的顶与底方面，与压力同等重要的还有支撑，压力与支撑是技术分析者必须精通的两个最基础的概念，通过本章节的讲解，希望你能在将来分析股票的走势时把分析压力和支撑变成一种习惯，并且能熟练到像使用筷子吃饭一样运用这两个概念，因为只有这样，才能为将来逃顶提前做好准备。

一、压力与支撑的定义

1. 压力：习惯说法叫压力位，也叫阻力位。即当股价上涨到一定程度时，市场中卖方的力量大于买方的力量，这种买卖双方力量上的差异暂时会阻止股价的继续上涨或者最终会改变股价运行的方向。例如上面所举的中国高科的例子中，由于卖方力量较强，导致股价出现回落。

为了帮助大家加深了解压力的概念和作用，我们再来看两个案例：

首先看一个压力暂时阻止股价上涨的案例，如图2.2-4：

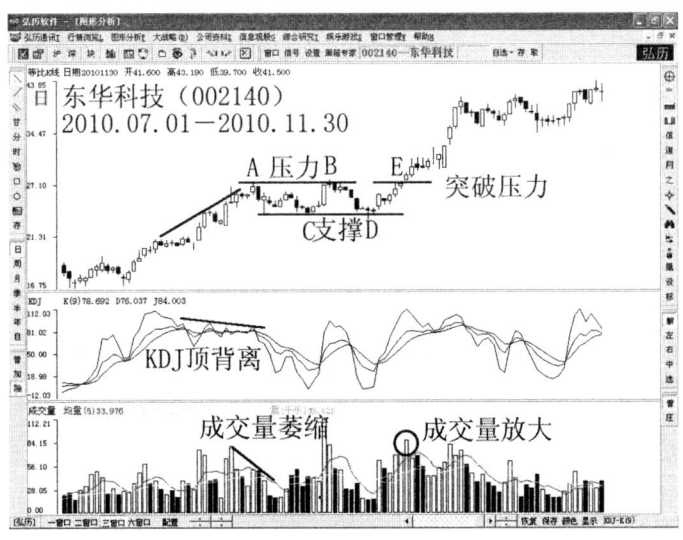

图2.2-4

 卖在顶部

说明：上图为东华科技（002140）自 2010 年 07 月 01 日至 2010 年 11 月 30 日的日K线走势图。上图中的 B 点在遇到前期高点 A 的阻力后出现了阶段性的调整，原来的上升趋势暂时转为横盘趋势。股价经过调整之后，在 D 点受到前期低点 C 点的支撑，最终在 E 点放量突破了 A、B 位置的压力，重新恢复原来的上升趋势。在这个案例中，压力只是暂时阻止了趋势的运行。

接下来再来看一个压力导致股价转势（关于转势的解释，请查阅本书中"转势"一节中的讲解）的案例，如图 2.2-5：

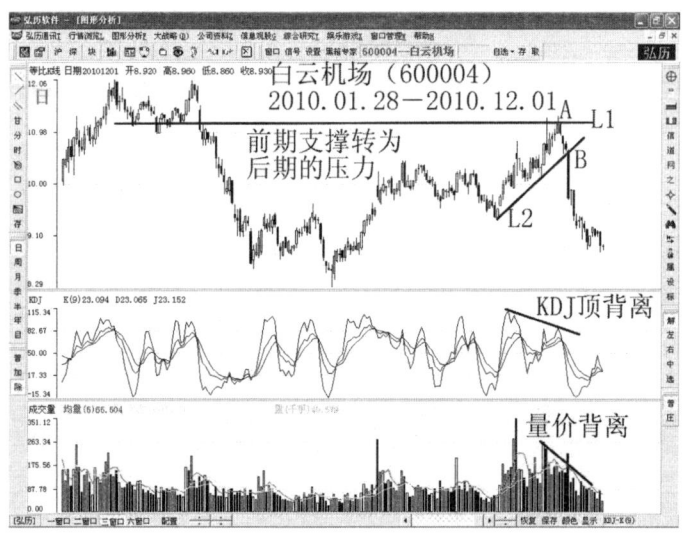

图 2.2-5

说明：上图为白云机场（600004）自 2010 年 01 月 28 日至 2010 年 12 月 01 日的日K线走势图。股价在 A 点遇到上图中的水平趋势线 L1 的压力之后出现回落。在这个案例中，L1 的压力最终导致股价从上升趋势转为下降趋势。

2. 支撑：习惯上叫做支撑位，即股价下跌到一定程度时，市场中买方的力量大于卖方的力量，这种买卖双方力量上的差异可以暂时阻止股价的继续下跌或者足以扭转股价的下跌趋势。

第二章 如何识别顶部

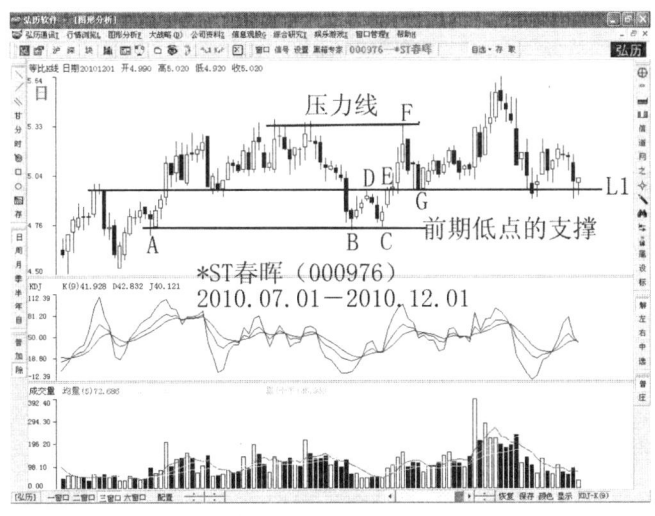

图 2.2-6

说明：上图为 *ST 春晖（000976）自 2010 年 07 月 01 日至 2010 年 12 月 01 日的日 K 线走势图。上图中的 B、C 两点股价受到前期低点 A 点的支撑，止跌回稳。B 点在受到支撑后，使得自 B 点之前的下降趋势暂时出现了停滞；当股价反弹到 D 点，因遇到上方的压力 L1 线的作用再次出现回落，回到 C 点，受到前期 A、B 点的支撑后股价止跌回稳；随后在 E 点放量向上突破了 D 点的压力，自此确认自 B 点开始的上升趋势。在该股的走势中，B 点受到支撑暂时阻止了 B 点之前的下降趋势，C 点受到支撑扭转了前期的下降趋势。

以上是关于压力和支撑概念的详细介绍。作为一名技术分析者来说，熟练地掌握和运用压力以及支撑的判断方法，将有助于在未来利用压力和支撑去研判趋势和趋势的拐点。

在股市中，只要有买卖交易，多空双方就会存在着力量上的差异（力量均衡的情况较少），因此，压力和支撑无处不在，但并非所有的压力和支撑都很重要。那么什么是重要的压力和支撑呢？

二、什么是重要的压力和支撑

找到股价未来运行的压力和支撑之后，如何判断其重要性？需要特别关注以下四点：

1. 距离目前价位比较近的支撑和压力比较重要。这里所说的"比较近"包含两层意思，

一个意思是指时间近的优先；一个是指价格近的优先。比如，现在股价是8元，上面面临着两个比较主要的压力，分别是9元和10元；从价格的角度上说，因为股价距离9元相对较近，因此，关键要看9元的压力是否能够突破，才可以看10元的压力；假如是9元是3个月之前的压力，而10元是近期的上方阻力，那么相对而言，10元钱的压力比9元钱的压力重要。

2. 成交量相对比较大的区域要比成交量相对比较小的区域重要。成交量大的区域意味着曾经在这里参与买卖交易的筹码比较多，曾是多空双方发生较大分歧的价格区间，这个位置股价的波动容易影响多空双方的判断和买卖行为。他们的买卖行为反过来又会加剧这个位置上股价的波动。

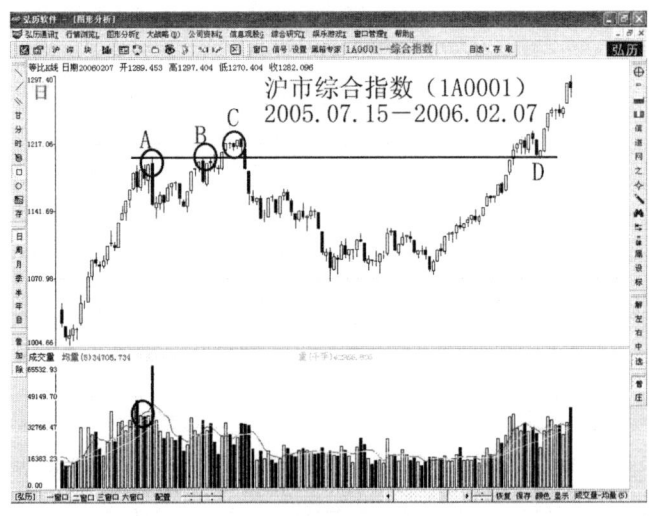

图 2.2-7

说明：上图为沪市大盘2005年07月15日至2006年02月07日的日K线走势图。D点出现回调时，原本C处有支撑（C点和A点一样，在未被突破之前是压力，突破之后就转化为支撑），但是，C与A很接近，并且A点的成交量相对较大，并有B点验

证过该点当时作为压力的有效性（B点到A点时，出现过调整，即表明A点的压力有效），因此，最终A点的支撑较C点有效，大盘调整到A处止跌回稳。

3. 股价曾经停留的时间越长越重要。例如，一只股票在5块钱左右的位置横盘了半年，假如后期一旦放量向上突破这个位置，那么确认上涨的概率更大，甚至都不需要回抽确认该位置的有效性。另外，结合第二条来说，一个单独的、尖锐的、高成交量的底部将会比同样成交量分散在一系列底部具有更强的支撑。

4. 某些习惯性的数值（如整数关口）会给人带来心理上的压力。特别是对于大盘来说，例如3000、2500等等。

第四点主要是心理起作用的位置，特别针对那些凭感觉做股票的人来说，心理上的压力往往会导致他们成为这个位置上的卖方。以上四点中最重要的市场压力还是以上三点。

三、判断压力和支撑时该注意的事项

当压力被向上突破的时候或者支撑被向下击穿以后，它们的角色就会发生互换，也就是说，当压力被向上突破之后，反过来就成为支撑；当支撑被向下击穿之后反过来成为压力。这里需要强调的几点是：

第一，以当天收盘价超过压力位或支撑位（而非昨日收盘价）的3%作为当天有效突破的标志；若非当天有效突破，则超越压力或支撑之后三天之内需一直在压力或者支撑的一方，才能算是有效的突破。

例如：某股近期的压力位在10元钱，如果今天收盘收在10.30元之上，则可以被认为是当天有效的突破；如果当天收盘仅在10.10元（没有超过3%），那么只要三天之内收盘价能够维持在10元钱之上，也算是有效的突破。

或者另外一种情况：某股近期的压力位（或者支撑位）在10元

钱，如果今天收盘价跌破 9.70，则可以被认为当天是有效破位；如果当天收盘仅在 9.8，（没超过 3%），那么只要三天之内收盘价一直维持在 10 元钱之下，也算是有效的破位。

股价有效破位之后或者突破压力位之后再次回落到压力位之下，则确认阶段性的顶部形成。

第二，突破时离开压力或者支撑的距离越远，压力和支撑就转换的越坚决，作用就越大。

第三，压力和支撑位附近常常是股价容易出现变盘的位置，如果向下变盘，则是确认顶部形成的标志。关于变盘的方向可以结合其他的技术指标辅助进行研判，比如接下来的篇幅要讲的超买、顶背离或者转势等，都是为了辅助研判股价变盘方向的。

四、按照压力与支撑识别顶部的方法

在学习了压力与支撑的基本概念之后，可以利用压力和支撑来识别股票的顶部，如图 2.2-8：

顶的不同类型

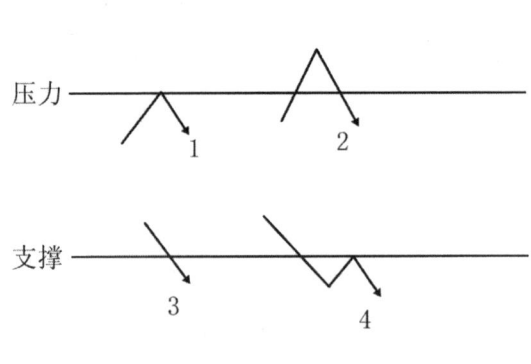

图 2.2-8

根据压力和支撑与股价位置的相互关系，股票的顶部，大概有四种：

第二章 如何识别顶部

1. 股价在压力位的下方遇到压力后出现回落，表明该压力阻止了股价的继续上升，股价因此而成为顶部。

2. 股价短暂向上穿越压力位之后，又迅速回到压力位之下，穿越失败，形成顶部。

3. 股价向下跌破支撑，形成顶部。

4. 股价跌破支撑之后，向上反抽已经转化为压力的支撑，反抽结束后继续向下，构成顶部。

需要注意的是，在上面所讲的这四种顶部中，第一种和第二种股民可能会接受，因为起码是卖在高位或者次高位。但是对于3和4这两种顶部来说，股民一般从感情上难以接受，因为毕竟股价前期已经下跌了一定的幅度。其实，这是对顶部的错误理解，实战中我们一定要记住，卖股票的目的主要是为了回避以后的下跌，只要以后还会继续下跌，那么现在就是高位。

预测和识别顶部，必须要学会寻找压力和支撑。寻找压力和支撑的方法有多种，在测顶那个章节中讲过的方法，都可以用来寻找股价上方的压力。

当股价遇到压力之后，一旦出现上述四种走势中的一种，就要高度注意，因为，这种顶部迹象有很大可能会最终演变成为顶部。如果股价在接近压力位时，出现超买或者是顶背离的特征，那90%就是顶部了。

第三节 超买识顶法

当股票的价格进入超买区时，一旦上方面临比较重要的压力，也就意味着进入了高风险区，此时股价距离顶部也就不远了，它是物极必反

的原理在股市中的应用之一。

超买，顾名思义，就是超出了买方的能力。股市中价格的涨跌从本质上说是由供求关系决定的。当需要大于供给的时候，即买方的力量超过了卖方的力量时，股票最终会随着买方力量的增强、卖方力量的减弱而上涨；当供给大于需求，卖方的力量超过买方的力量时，即市场处于超买状态，买方的力量就会开始减弱，股票也就因此削弱了上涨的动力，上涨也就因此接近尾声，下跌的风险也就逐步来临了。

超买从另一个角度上理解的话，就是因过度的买入而透支了买方的能力。股市中有句谚语叫做"行情在欢乐中死亡"指的就是超买之后的结果。当股票的上涨进入超买状态后，在通常的情况下，意味着上涨到了末期，顶部会随时到来。

在明白了超买的市场含义之后，接下来的事情就是定义超买的标准。标准的制定对于使用技术分析的人来说非常重要，如果没有一个清晰的、十分明确的可供执行的标准，最终很难做到果断买卖。因此，为了明确超买的技术标准，就涉及技则术指标的使用问题。

超买是很多技术指标的一个共性，特别是针对摆动类的指标来说，一旦指标进入超买状态，也就意味着股价进入了一个高风险区域。如果投资者在指标进入超买之后再去买股票的话，则意味着很难获利，当然极强的牛市市场行情除外。

在使用技术指标超买研判顶部时，投资者需要注意的是，不同的技术指标，对于超买的标准是不同的。没有最好的指标，只有适合不适合；用指标其实是跟出门选择交通工具一样，适合的就是最好的，比如飞机比火车快，但是从北京到天津最好的是城际列车，而不是飞机。因此，在使用摆动类的技术指标分析是否进入超买范围的时候，需要根据不同的指标及适用范围来区别对待。

第二章 如何识别顶部

接下来,我按照几个不同的指标给大家介绍一下超买的判断方法。

一、几种不同指标的超买研判方法

1. 随机指标 KDJ(参数为9)的 J 值大于 100 意味着股价进入超买区

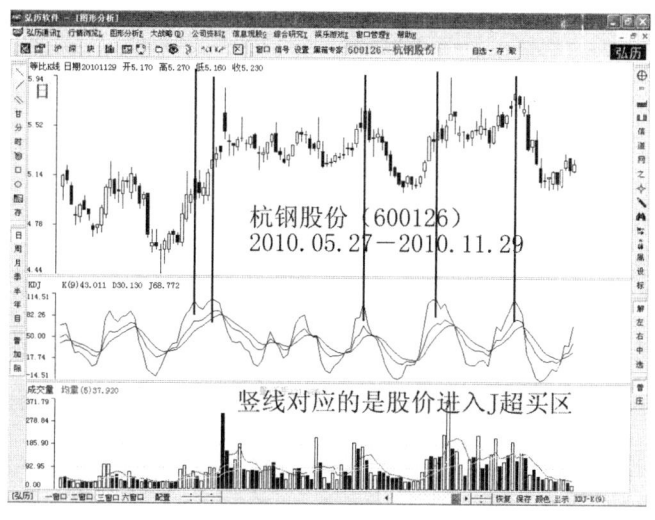

图 2.3-1

说明:上图为杭钢股份(600126)自 2010 年 05 月 27 日至 2010 年 11 月 29 日的日 K 线走势图。图中使用的指标是 9 日的 KDJ。KDJ 属摆动类的技术指标,该指标因对股价的短线走势反应较为敏感,因此多用于短线的研判。上图中竖线所指的几处位置,股价所对应的 J 值都在 100 以上,当 J 值超过 100 以上时,股价就进入了超买区,投资者必须要提高警惕,因为一旦 J 值超过 100,就意味着短线出现顶部迹象,调整随时可能展开,此时短线客要择机寻找短线出局的机会。

2. 强弱指标 RSI 的 14 日 RSI 超过 75 以上时意味着股价进入超买区

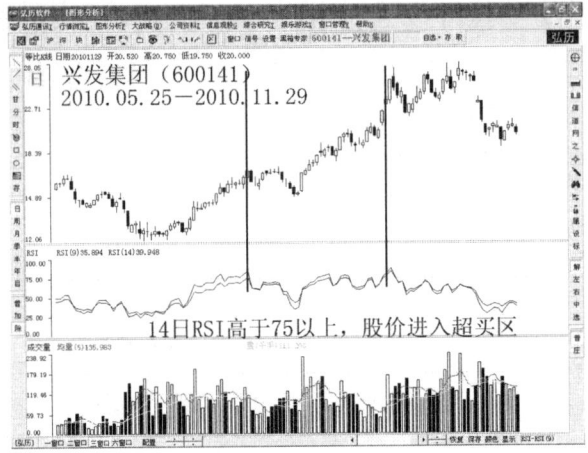

图 2.3-2

说明：上图为兴发集团（600141）自 2010 年 05 月 25 日至 2010 年 11 月 29 日的日 K 线走势图。图中使用的指标是 RSI。在通常情况下，当 14 日的 RSI 超过 75 以上时，意味着股价进入超买区，此时如果忽略了指标的超买提示而买入股票的话，短线很难马上获利。

在使用该指标作为超买的判断标准时，要注意根据牛市和熊市适当调整 RSI 的参考值，牛市可以略有放大，熊市应当适当地降低。

3. 利用 10 日乖离率（BIAS）指标摆动到高位判断股票的超买区。

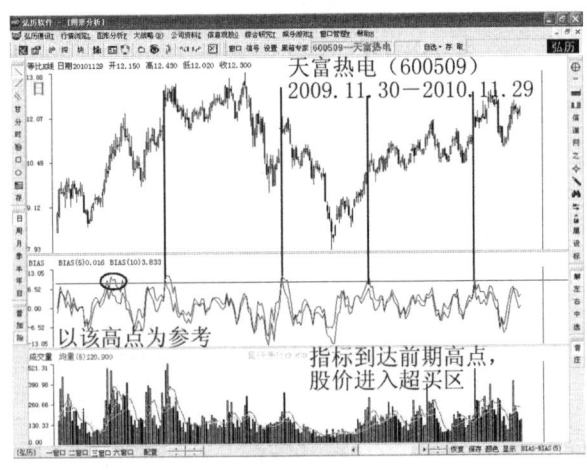

图 2.3-3

第二章 如何识别顶部

说明：上图为天富热电（600509）自 2009 年 11 月 30 日至 2010 年 11 月 29 日的日 K 线走势图。图中使用的指标是乖离率（BIAS）。

在通常情况下本人参阅 10 日的乖离率，具体使用的方法如下：首先要找到前期股价高点所对应的乖离率指标的高位，例如图中圆圈标注的位置，该位置对应的股价是阶段性的头部，指标也是阶段性的高位，那么，后期就以圆圈标注的这个位置为判断超买的标准。当后期 10 日乖离率再次到达这个位置附近时候，则意味着股价进入到了超买区。

4. 10 日的威廉（WR）指标连续超过 3 次在 10 以下表明股票进入超买区。

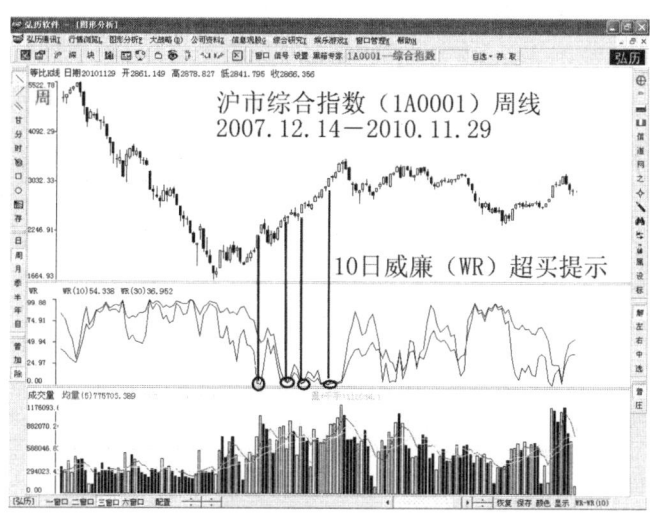

图 2.3-4

说明：上图为沪市综合指数（1A0001）自 2007 年 12 月 14 日至 2010 年 11 月 29 日的周 K 线走势图。图中使用的指标是威廉（WR），这也是摆动类技术指标中的一个。当该指标中的 10 日威廉下降到 10 以下时，则意味着股价进入超买区域。该研判方法常常被一些有经验的股民用来逃顶。之所以说是有经验的股民常常采用，是因为该指标（10 日威廉）如果连续在 10 以下 3 次以上触底（接近于 0）时，股价做头

· 71 ·

的概率是相当大的。如上图中，当威廉指标第四次触底之后，股价就运行到了超买区，意味着之前的上升趋势到了末期，如果能够在威廉指标第四次触底之后，择机逢高了结的话，便可以回避后期的下跌。

当然，还有很多指标都具备超买提示的功能，由于篇幅关系，这里不能一一跟大家详细介绍。其实，如果你是初学者，也不需要掌握太多指标，根据本人的实战经验来说，如果你能在实战中了解超买的原理并注意应用上面介绍的几个指标中的一个，足以解决问题。另外，初学者与其花费有限的时间和精力去学习那么多的技术指标，不如把一个技术指标搞懂搞透。尤其是下面的注意事项，是初学者在判断超买时必须注意的几个问题。

二、使用指标的超买提示应当注意的事项

1. 超买不是立即卖出的提示，只是被用来辅助预测顶部，这一点必须要记住！指标进入超买之后不等于马上卖出，它只是从风险的角度告诉你，阶段性的上涨已经接近尾声。此时，你一定要对风险有预见性，否则，等到风险真正降临的时候，如果你没准备好，会让风险打你个措手不及。本文卖顶的内容中，会教给你当指标出现超买提示的时候，该在什么位置卖出。

2. 在观察指标超买的同时，要跟行情的强弱结合起来，如果行情（大盘行情或者个股行情）较弱，可适当降低超买的数值；当行情（大盘行情或者是个股行情）较强，可适当调高超买的数值。在通常的情况下，当行情较弱或者是个股走势较弱的时候，超买提示的成功概率较高。反之，当行情较强，或者个股股价受到人为操纵的时候，超买提示的成功概率较低，甚至是失效的。如果行情超级强，股价很有可能从超买区进入加速上涨阶段。行情强弱的程度，主要跟大盘的投资环境有关。这一点在实战的时候要加以区分，可以参考第六节

第二章 如何识别顶部

中，大盘识顶法一文中所讲的内容来研判大盘。

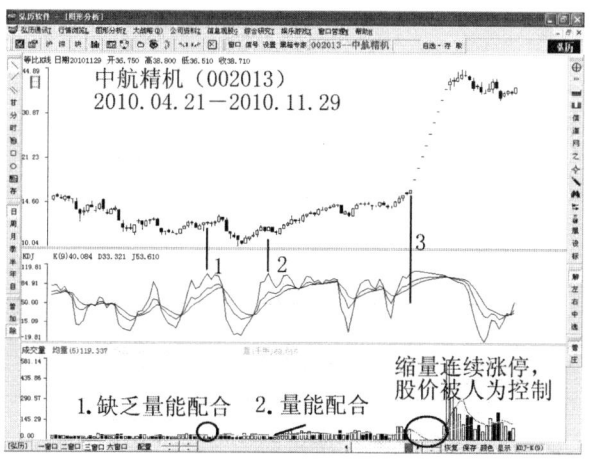

图 2.3-5

说明：上图为中航精机（002013）自 2010 年 04 月 21 日至 2010 年 11 月 29 日的日 K 线走势图。图中的 1、2、3 种情况就是投资者在实战中要根据实际情况具体分析，具体对待的案例。在 1 处是指标超买提示，此时，后期量能配合的也不理想，因此，股价进入超买之后不久，出现了调整；该位置的超买提示较为成功。在 2 处，指标进入超买提示，但由于量能呈现升量增加理想配置，因此股价并没有出现调整；超买提示是失败的。在 3 处，指标出现超买提示之后，股价由于出现连续缩量涨停的走势，明显是受到了人为操纵，因此，在这种情况下，指标的指导意义就会失效。

因此，在利用技术指标超买作为识别顶部的标准时，需要注意根据不同的情况加以区别对待。

3. 当技术指标出现超买提示的时候，需要注意时间上的差异。如果周线上出现超买，那么，暗示一旦顶部形成之后，调整的时间会较长或者幅度较大；如果周线走势良好，仅仅是在日线上出现了超买提示，那么一旦股价形成顶部之后，调整的时间较短或者幅度较小。

4. "超买"最好跟"顶背离"配合使用，可以提高识别顶部的准确概率。

卖在顶部

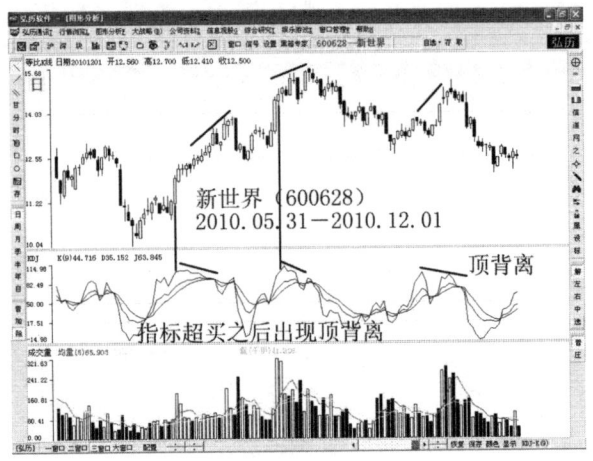

图 2.3-6

说明：上图为新世界（600628）自 2010 年 05 月 31 日至 2010 年 12 月 01 日的日 K 线走势图。上图中的三个顶部情况不同，三次顶部中前面两次是 J 值超买之后出现顶背离的情况；最后一次是在 J 值接近超买之后出现顶背离，然后股价做头。

借助于技术指标的顶背离识别顶部，可以提高顶部的识别概率。有关顶背离的内容，我们将会在下一节中进行学习。

第四节　顶背离识顶法

上一节中，我们学习了超买，需要强调一点的是超买不能作为卖出股票的标准，它跟顶背离一样，都是高风险的预警信号。

在股市中，股价走势跟指标走势的搭配关系有两种情况：一种是同向的，即股票上涨，指标也随之同步增长；或者股票下跌，指标也随之下跌。另一种是反向的，即股票上涨，但指标下跌；或者是股票下跌，指标却上涨。我们把后面一种情况称之为背离。如果股票下跌，指标上涨，我们称之为底背离。底背离通常暗含股价有筑底之意。假如股票上涨，指标下跌，我们称之为顶背离，顶背离通常暗含股价有筑顶之意。

下面给大家介绍几种技术指标顶背离的走势特征，以帮助大家将来在研判股价顶部的时候有所参考。

一、几种指标的顶背离介绍

1. KDJ 的 J 值顶背离和 D 值顶背离

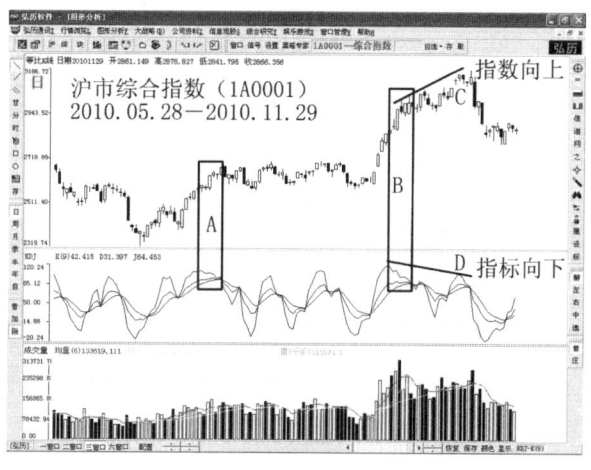

图 2.4-1

说明：上图为沪市综合指数（1A0001）自 2010 年 05 月 28 日至 2010 年 11 月 29 日的日 K 线走势图。上图使用的指标是 KDJ。图中 A 区域对应的股价在上涨，但是 KDJ 的 J 却是往下走的，这种情况被称为 J 值顶背离。B 区域跟 A 区域是一样的，股价上涨，但是 J 值在跌，在 J 顶背离之后，后期引发了股指的震荡；随后股指在 C 点创出了新高，但此时 KDJ 的 D 值并没有同步创出新高，反而随着指数的上升震荡走低，这样的情况，我们称之为 KDJ 的 D 值顶背离。在使用 KDJ 指标观察其背离的时候，需要具体区分的是 J 背离还是 KDJ 整个指标都背离（或者 D 背离），这两种背离出现之后，股价后期的调整情况是不一样的，假如是 J 值顶背离，那么后期股价大多数属于剧烈的震荡，这种震荡比较多的时候改变的是股价运行的速度，但当 KDJ 整个指标都背离，即 J 值顶背离且 D 值也顶背离的时候，往往会引发后期股价运行趋势的改变。在上图中，A 区和 B 区都是 J 值顶背离，J 值顶背离之后，股价经过短线的调整，并没有改变之前的上升趋势，只是改变了上升的速度，但到了 C 点的时候，就是 J 值和 D 值都发生了顶背离之后，后期股价出现了较大幅度的下跌。

2. RSI 指标顶背离

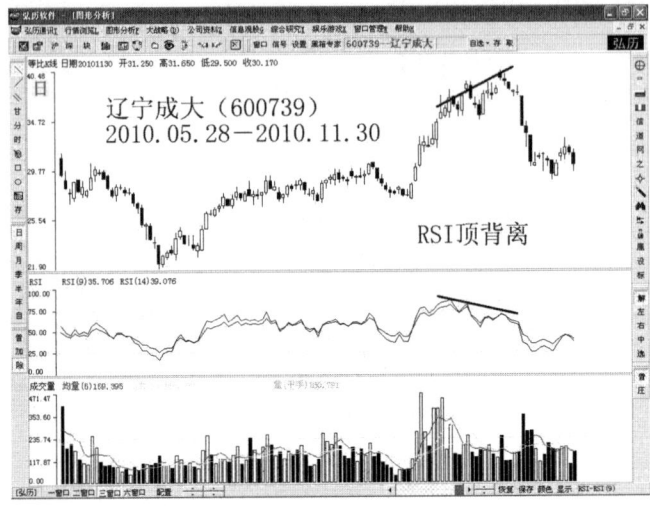

图 2.4-2

说明：上图为辽宁成大（600739）自 2010 年 05 月 28 日至 2010 年 11 月 30 日的日 K 线走势图。图中使用的是 RSI 指标。在上图中，当股价创下新高的时候，RSI 指标并没有同步创下新高，而是往下走，这种情况我们称之为 RSI 指标顶背离，意味着股价正在构筑阶段性的顶部，顶背离之后，股价后期出现了较大幅度的下跌。

3. MACD 指标顶背离

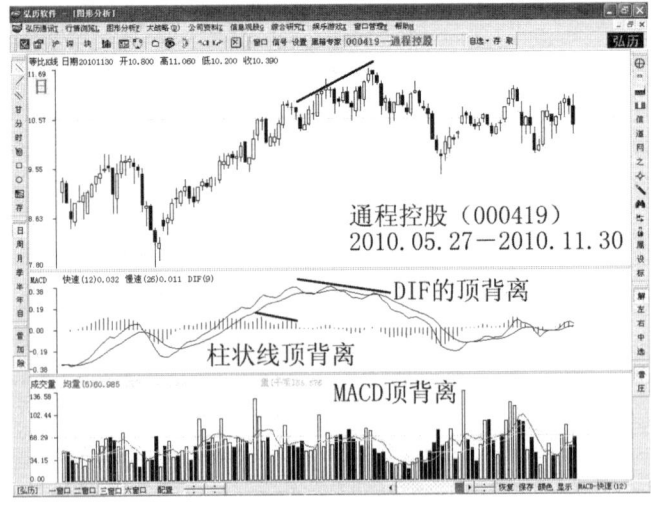

图 2.4-3

第二章 如何识别顶部

说明：上图为通程控股（000419）自2010年05月27日至2010年11月30日的日K线走势图。图中使用的指标是MACD。当股价创新高的时候，MACD的DIF线却往下走，形成MACD指标的DIF的顶背离（即大多数人所指的MACD的顶背离），此时意味着股价创新高的同时也是在构筑阶段性的中期顶部。

关于MACD的顶背离，又分为两种情况：一个是红色柱状线的顶背离（短线顶部的特征），意味着短线股价进入高位；一个是上图中的顶背离，即指的是DIF（或者DEA）线的顶背离（中期顶部的特征）。

二、使用顶背离做参考的时候应当注意的事项

1. 顶背离信号出现时，意味着股价在构筑阶段性的顶部，它跟超买提示一样，只能作为高风险来临的提示性信号，不能作为卖出的信号。

2. 筑顶的股票不一定都发生顶背离信号，但出现顶背离信号的股票往往意味着股价在筑顶。

3. 顶背离往往出现在超买区之后成功概率较高。

4. 顶背离之后，若股价生成一个新的上升趋势，且指标重新开始同向运行，则意味着顶背离信号的指导作用失效。

5. 不同指标的顶背离提示，意味着股价筑顶的规模不同，例如上面的案例中，MACD指标的顶背离筑顶的规模要大于KDJ指标中J值顶背离时筑顶的规模。同理，不同时间周期的顶背离信号也意味着筑顶规模的不同，较短的时间周期出现的顶背离信号（例如MACD中的柱状线的顶背离）的筑顶规模要小于较长时间周期出现的顶背离信号后的筑顶规模。

6. 注意综合参考不同时间周期的顶背离信号，以免被虚假的顶背离信号误导。比如说，当30分钟股价发生顶背离时，日线的指标还在相对的低位或者还没有发生顶背离的信号；或者说，日线出现顶背离信号时，周线和月线的指标还显示正常。

7. 顶背离信号出现时，如果跨越时间较长，可能会失效。

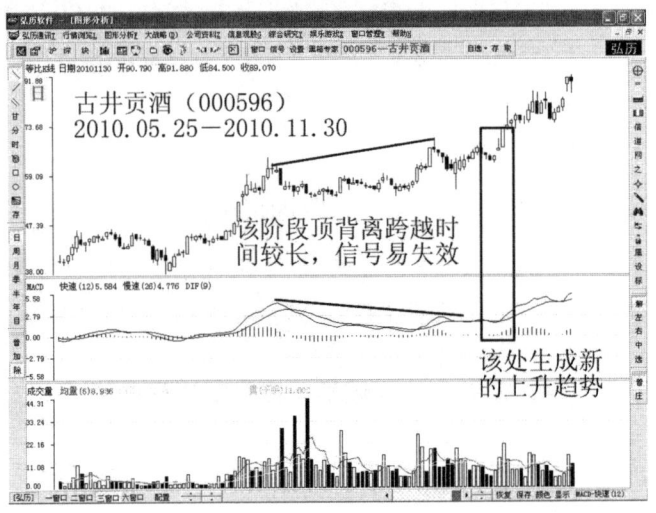

图 2.4-4

说明：上图为古井贡酒（000596）自 2010 年 05 月 25 日至 2010 年 11 月 30 日的日 K 线走势图。图中使用的指标是 MACD。图中的 MACD 指标也曾出现过顶背离的信号，但由于两个高点之间间隔的时间较长，顶背离信号往往会失效。在上图中矩形圈定的区域中，股价短线调整结束，重新回到上升趋势中，且 MACD 指标同步上升，这意味着前期顶背离的信号彻底失效。

8. 不同的技术指标，由于设计原理不同，因此，反应顶背离的时间也不尽相同。KDJ 反应较为敏感，RSI 次之，MACD 最弱。另外，单一指标出现顶背离时对顶部的警示意义远不如多个技术指标都出现顶背离时的警示性意义大。

9. 有的股票在出现顶背离时，背离的次数较多，例如有的股票第二次背离之后，股价并不一定会形成高位或者低位，可能会连续多次背离，因此，不能简单地以背离了几次作为最终研判趋势转向的标准，但是要随时提高警惕。

技术指标的顶背离研判法是一个研判顶部成功概率较高的辅助手段。一旦发现股票在出现顶背离之后开始下跌，那么股票就意味着真正

第二章 如何识别顶部

转势了，股价一经转势，就确认是顶部了。

第五节 转势识顶法

转势，顾名思义，指的是趋势已经发生了转变。

确认趋势发生改变之后采取的行动属于亡羊补牢。亡羊补牢对于已亡的羊没有任何意义，但对于尚在牢里的未亡羊意义重大；因此，亡羊补牢到底有没有意义，关键在于你从哪个角度看待这个问题。对于已经失去的和还在手里的，你认为哪个更重要？

股市曾经有人屡屡被深度套牢，悔不当初；也曾有人面对卖错的大黑马扼腕叹息。想要避免这两种失误，必须知道什么是转势。

我们先来谈"势"，再来谈"转势"。

一、什么是"势"

1. 定义

"势"就是趋势，其实就是指股价运行的方向。

2. 种类

（1）按照股价运行的时间长短进行分类，"势"有三种：

①长期趋势：一般情况下，指持续超过 6 个月以上的走势。

②中期趋势：一般情况下，指持续 3 周到 6 个月的走势。

③短期趋势：一般情况下，指持续 3 天到 3 周的走势。

（2）按照股价运行的方向进行分类，"势"有三种：

①上升趋势：低点和高点都不断抬高，即压力和支撑都不断地抬高，属于上升趋势。

②横盘趋势：低点和高点都不断平移，即压力和支撑都不断地平移，属于横盘趋势。

③下降趋势：低点和高点都不断下降，即压力和支撑都不断地平移，属于下降趋势。

二、如何判断转势

1. "转势"可以用均线来描述。不同时间周期规模的趋势可以分别使用不同时间规模的均线进行描述。比如，20天的趋势可以用20日均线的方向来描述，若20日均线由向上转为向下，我们就可以认为20日的趋势从上升转为下降。在趋势规模的划分上，投资者可以根据自己的分析需要，选取不同参数的均线作为研判不同级别规模趋势的参考：

短期趋势可以选择1~20日之内任意一个参数的均线来衡量。

中期趋势可以选择20~60日之内任意一个参数的均线来衡量。

长期趋势可以选择60~120日之内任意一个参数的均线来衡量。

如下图：

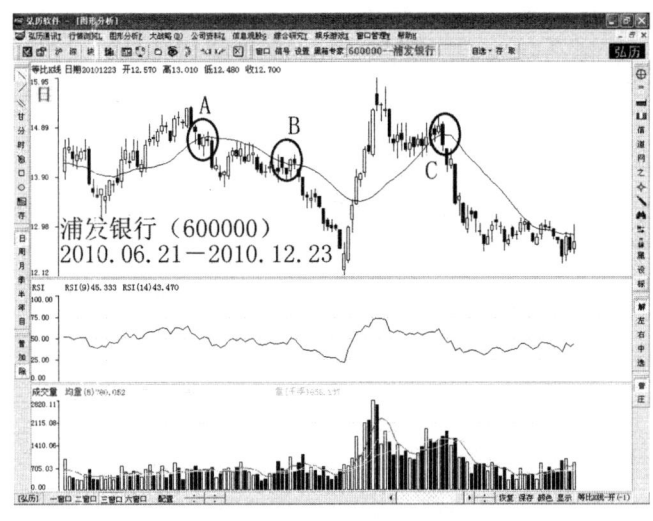

图 2.5-1

说明：上图为浦发银行（600000）自2010年06月21日至2010年12月23日的日K线走势图。图中的A、B、C三处皆为股价转势之处，其共同之处就是股价跌破20日均线支撑后，20日均线的方向也随之转为向下。只要20日均线的方向是向下的，就可以认为20日之内的趋势是向下的。

第二章 如何识别顶部

2. 根据压力和支撑判断"转势"

（1）如果股价上涨到压力位置时，没有形成有效的突破，表示空方占据了市场的主导地位，股价将会下跌，形成顶部（参阅图 2.2-8 中的位置 1）。

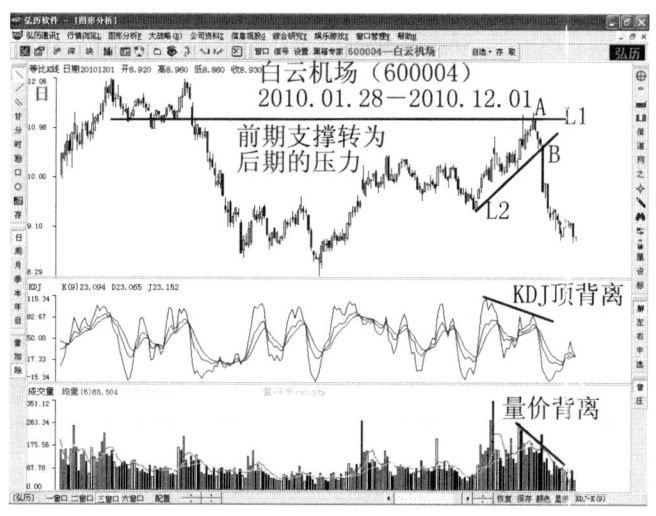

图 2.5-2

说明：上图为白云机场（600004）自 2010 年 01 月 28 日至 2010 年 12 月 01 日的日 K 线走势图。上图中的水平趋势线 L1 对于 A 点来说是压力位，股价上涨至 A 点时在此遇到压力之后出现回落。确认 A 是顶部，在股价到达 A 点之前，KDJ 出现了顶背离的迹象，我们前面讲过，股价遇阻回落，且之前技术指标顶背离，就是顶部的特征。因此，A 点可以认为具备了顶部的特征。当股价后期在 B 处跌破了支撑线 L2 后，确认转势了，因此，B 处也算是顶部，如果没在 A 点卖出的话，那么在 B 点卖出，也能回避后期股价下跌造成的损失，所以，从这个角度上说，B 也算是顶部。

（2）如果股价上涨到压力位时，形成了有效的突破，表示多方占据了市场的主导地位，股价将继续上涨。

在这里，有效的突破通常是指压力位或者是支撑位后面连续 3 根 K 线（如果在日 K 线上看就是连续 3 天的 K 线；如果在 30 分钟上看，就是 3 根 30 分钟的 K 线；如果在周线上看，就是 3 根周 K 线）或者是当时突破了压力的 3%，例如，下图中的 C 对应的 20 日均线为 41.48 元，它的 3% 为 1.24 元，C 当天的收盘价为 43.49 元，高于 20 日均线之上的 3%（即 41.48+1.24＝42.72 元），此时，可以认为 C 点有效地向上突破了 20 日均线的压力。

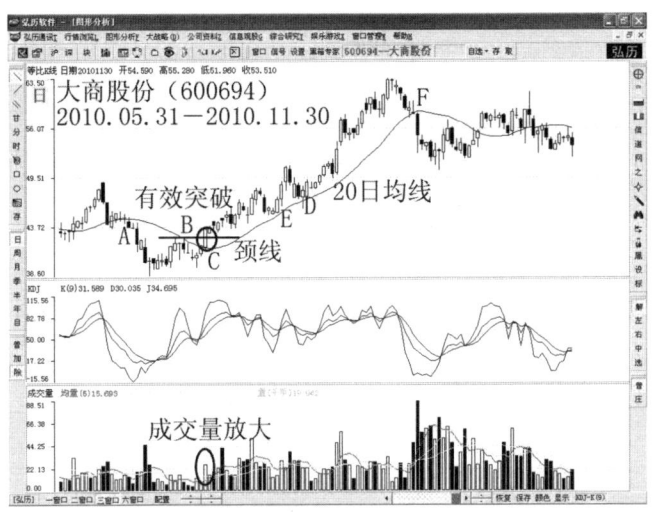

图 2.5-3

说明：上图为大商股份（600694）自 2010 年 05 月 31 日至 2010 年 11 月 30 日的日 K 线走势图。该股于 2010 年 07 月 21 日这一天即 C 点，一天当中同时放量突破了前期小双底的颈线和 20 日均线的双重压力，这样的突破属于有效突破，表明多方确切地占据了市场的绝对优势，后期股价展开了一轮幅度较为可观的上涨行情，这意味着股价由前期的下降趋势转为了上升趋势。

如果仅仅是从突破的这一天看，跟突破之前的股价对比来说，已经是价格高了，但是，按照第一章中，我们讲过的测顶的方法来说，起码股价要向上翻一倍，我们一再强调，股价高与低，要跟以后的价格对比，不能跟以前的比，可以利用以前的数据，但是，利用的目的是为了判断以后的走势。C 点突破，打开了向上的空间，所以，这个时候，虽然股价创了近期新高，但不能说是顶部。

第二章 如何识别顶部

（3）如果股价下跌到支撑位置的时候，得到了有效的支撑，表示多方占据了市场的主导地位，股价将会出现上涨，形成底部。

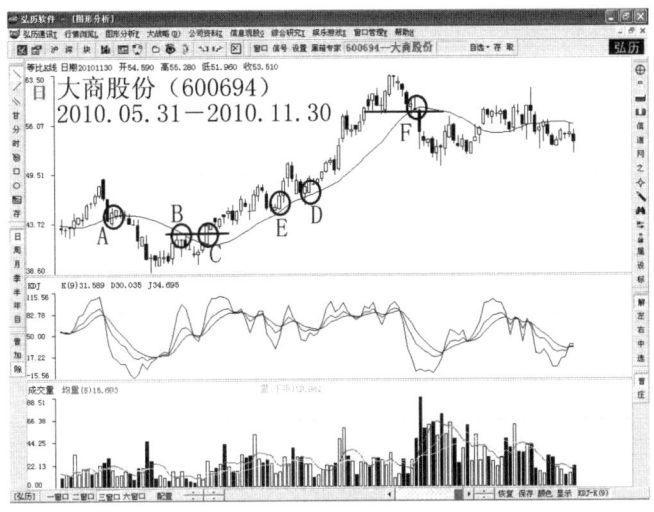

图 2.5-4

说明：上图为大商股份（600694）自 2010 年 05 月 31 日至 2010 年 11 月 30 日的日 K 线走势图。在上图中，该股在 A 点跌破 20 日均线之后，20 日均线转为向下，此时股价确认转为下降趋势；随后股价出现反弹，反弹至 B 点受到 20 日均线的压力出现回落，且 20 日均线依然向下，此时可以认为下降趋势依然持续；最终在 C 点突破 20 日均线之后，20 日均线随后转为上升趋势，然后股价展开一轮升势。

股价在运行的过程中，通过 A、B、C 三点的走势验证了 20 日均线所起的压力与支撑的作用是有效的。因此，当后期股价回调到 20 日均线受到支撑之后的回升，可以看作是成功概率较高的回升，即图中的 E、D 点，这个时候可以认为股价调整结束，将会持续上涨。

上图中的 E、D 和 F 相比，初期的走势可能都一样，都是股价形成阶段性高位之后，出现了向均线靠拢的调整走势。但是，区别在于随后的走势不同，因此，这几个点的位置的定义也不同。E、D 之后，股价没有跌破均线，然后开始继续上升；而 F 之后，股价打到均线之后仍在下跌，跌破了均线，所以，尽管 E、D 和 F 之前的走势差不多，但是，因为随后的均线趋势不同，因此，对 E、D 和 F 点的位置定义也不同；F 点走势之后股价的趋势由上升转为下降，因此 F 是高位，而 E、D 点之后，20 日均线的趋势向上，说明股价还会继续上升，因此，这两个位置是低位。

（4）如果股价下跌到支撑位置的时候，没有得到有效的支撑，股价跌破支撑位，表示空方占据了市场的主导地位，股价将继续下跌，确认形成了顶部（参阅图 2.2-8 中的位置 3）。

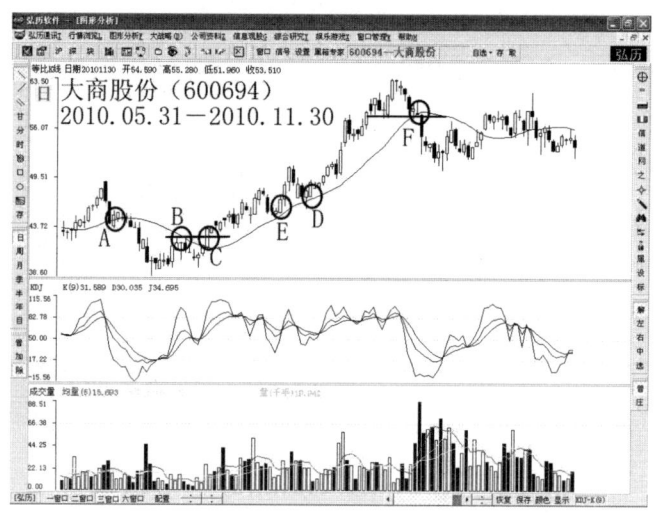

图 2.5-5

说明：上图为大商股份（600694）自 2010 年 05 月 31 日至 2010 年 11 月 30 日的日 K 线走势图。该股在 2010 年 01 月 11 日，即 F 点，放量跌破了前期低点的同时也跌破了 20 日均线的支撑，如果从两个（或者多个）不同的角度找到的支撑集中在一点上，这样的支撑属于有效支撑，这样的破位也属于有效的破位。该股有效跌破支撑位之后，表明空方占据了市场的主导地位，因此自 F 点之后，股价短期仍持续了几天的小幅下跌走势。

（5）在上升趋势中，压力和支撑的重心逐步上移。其中，支撑起着主导作用，决定上升趋势的持续性；压力居次要地位，起着延缓趋势发展的作用。在这种情况下，股价形成的顶部是暂时的，属短线的顶部。

在一个上升趋势中，前期的高、低点对于后期的走势来说，起着压力和支撑的作用，最终，决定上升趋势是否结束的标志是前期的低点是否被跌破，假如仅仅是股价不创新高但也没有跌破前期低点的话，只能说明上升趋势进入到一个阶段性整理的过程中，并不能说明上升趋势彻底走坏，也不能说明前面的顶部是中线的顶部。例如图2.5-6：

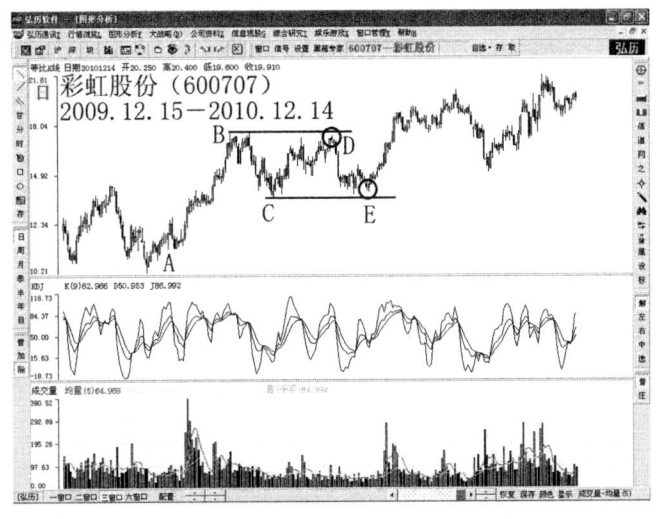

图2.5-6

说明：上图为彩虹股份（600707）自2009年12月15日至2010年12月14日的日K线走势图。在图中，D点虽然没能突破前期B点的阻力，在D点形成的只是一个阶段性的顶部；而随后股价回落到E点时，也没有跌破前期低点C的支撑，因此，D点没创新高并不能说明自A点开始的上升趋势结束，只是暂时告一段落。此时，D点就仍属于短线的顶部（在上升趋势当中，最终确认上升趋势是否结束的标志不是指股价是否继续创新高，而是指不跌破前期的低点支撑。不创新高只是上升趋势有可能结束的一个预警标志）。

（6）在下降趋势中，压力和支撑的重心不断下移。其中压力起主导作用，决定着下降趋势的持续性；支撑则只能够延缓下降的持续。在这种情况下，股价的阶段性的高位都是中短期的顶部，很难在短时期内被突破。直到以后下降趋势彻底结束时才能改变顶部的性质。

在实战中,判断一个下降趋势是否彻底结束的标志是股价是否创新高,只有股价创出新高,才能表明下降趋势彻底结束。常常有人因害怕买不到低点而提前进场,结果发现股票还没跌完。在这种情况下如果投资者被套,哪怕你在当时买的位置不高,也应该止损,不然,跟以后股价的位置相的比较的话,你买的位置依然是高位。

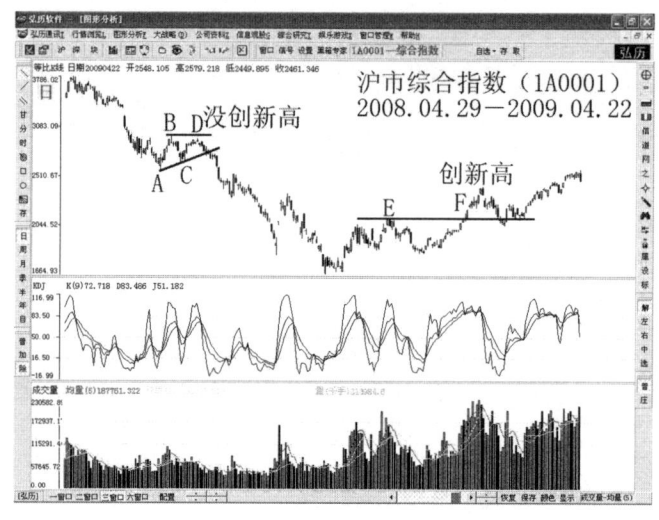

图 2.5-7

说明:上图为沪市综合指数(1A0001)自 2008 年 04 月 29 日至 2009 年 04 月 22 日的日 K 线走势图。图中阶段性的低点 C 点虽然比 A 点高,但是并不能说明前期的下降趋势结束了,决定下降趋势是否结束的标志为是否创新高,D 点最终没能超过 B 点,因此,从稳健的角度上说,不能因为 C 的抬高就盲目买入,不然,虽然当时 C 跟 D 比,是相对的低位,但是,当股价跌破了 AC 趋势线之后,C 反倒成了高位。

后来,最终股价在 F 点超过了 E 点,才宣告之前的下降趋势彻底结束。E 当时看是高位,但是,跟 F 之后比,还是低位。

当然,如果等到 F 点之后再去买股票的话,会错过底部建仓的机会,解决这个问题的办法需要投资者有综合分析的能力,比如,E 点之前的成交量呈明显放大(关于如何抄底的问题不是本书的重点,所以,

第二章 如何识别顶部

本书没做重点的讲解)。

等待趋势确认之后，底部或者顶部已经错过很多，为了避免这样的事情发生，下面这一条给出了很好的建议，它可以作为将来我们判断转势来临之前的一个重要征兆：

(7) 当市场没有持续突破上一个压力、未创新高时，或者当市场在上一个支撑位得到有效支撑、未创新低时，都属于市场发出的趋势可能有改变的警示性信号。

这句话明确地说明，股票不创新高或者是不创新低时，就需要提高警惕。如图2.5-8：

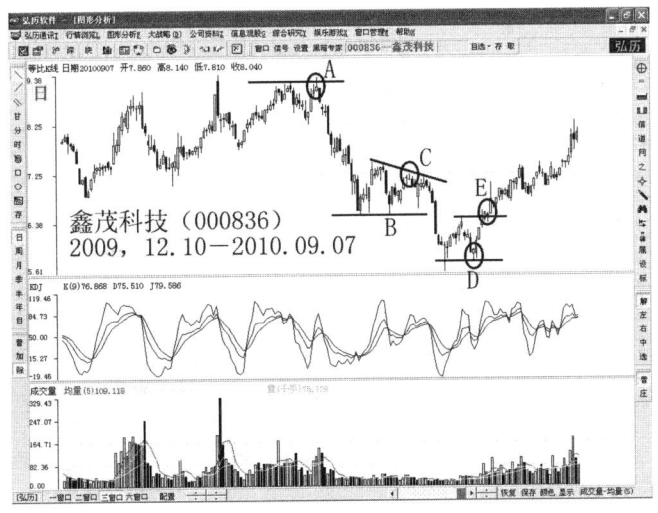

图2.5-8

说明：上图为鑫茂科技（000836）自2009年12月10日至2010年09月07日的日K线走势图。

上图中，A点在接近前期高点的时候，没有形成突破，且留下一个长影线，此时，要小心趋势给出的警示性信号。这里就有了头部的迹象。

C点跟F点相同的是经过底部的反弹后股价上涨了，但不同的是，C点没能越过前期的高点，因此，当股价在C点再次回落向下时，C仍

是高位；而F则越过了前期的高点，因此，F点即便会出现短线的回落，但是，只要不回落到前期的高点下方，就仍是相对的低位，因为，股价已经转势了，因此，相对于未来而言，F点仍是低位。

上述七点主要讲解了如何利用支撑和压力来研判转势，需要读者反复阅读理解并加以掌握。因为掌握了这几点，对于我们将来在实战中及时逃顶起着至关重要的作用。如果想要尽早发现趋势的转变，首先就要找到股票未来运行过程中的压力或者支撑。股价的压力和支撑就是多空双方争夺的分水岭，谁赢得了主动权，谁就会主导市场未来的走势。高位和低位的定义主要是根据未来的走势而言的。

三、注意事项：

在判断股价是否转势时，需要注意以下事项：

1. 股市交易中，同样一个位置之所以人们会发生分歧，主要是人们对时间的看法不同，因此，同样一种走势，在有的人眼里是升，在有的人眼里却是跌。假如规定了相同的时间，那么大家对趋势的看法会趋于一致。因此，在判断转势的同时，要结合时间的因素，综合进行研判，要考虑转势对短期、中期和长期趋势的分别影响和综合影响。

2. 如果不能在拐点出现时准确地判断转势，那么当转势已经确认的时候，则必须采取相应的保护措施。

3. 若转势之初出现过超买或者顶背离征兆，则转势的可信度较高。例如图1.5-2。股价形成顶部的机率非常大。

4. 在判断股价是否筑顶转势时，可按照以下顺序梳理思路（相关内容，将在本书后面的章节进行讲解）：

（1）周期内的上涨目标是否完成？（大盘是否安全？浪形是否完整？）

（2）是否遇到重要的压力位？（量价配置如何？）

（3）是否已经进入超买区或有顶背离迹象？

（4）小周期的图表是否出现警示性走势？

5.当出现转势时，比如股价如果由上升转为下降，那么卖不到次高位，也必须要考虑控制风险。因为上升趋势一旦确认发生转势的话，特别是中期趋势的逆转，则意味着形成的头部的周期较长，后期股价调整的时间比较长或者幅度会比较大，无论是发生哪一种情况，都会影响资金的使用效率。

第六节　大盘识顶法

前面的章节中，我一直强调的是卖股票的理由是为了回避股票后期的下跌，如果能够记住这句话，并在实战中每次卖股票之前问问自己为什么要卖，我相信，你会少犯很多错误。

——为什么要卖股票？

——因为股票要下跌！（不要回答说：因为我害怕等等之类的与下跌无关的内容）

卖出股票是因为股票要下跌！一定要记住了这句话！这是卖股票的唯一一个理由！记住了这句话之后，剩下的事儿就是去研究怎么知道股票该跌了，或者说怎么知道股票会下跌。

我在这一节中说的话，是有逻辑推理的，这也是逃顶必须具备的一个完整的思路，我再罗嗦一遍，注意我说的因果关系：

——为什么要卖股票？

——因为股票要下跌。

——怎么知道股票要下跌？

——因为股票做头了。

——怎么知道股票做头了？

——因为它出现了头部特征。

卖在顶部

头部有哪些特征，或者说如何识别头部？这是我们这一章节主要讲述的内容，前面讲了一些方法，可以帮助你识别个股的顶部

但是，有的时候，我们会很奇怪，股票涨得好好的，还没涨到我预测的位置呢？怎么会莫名其妙地怎么下跌呢？其实，也许你忽略了大盘，大盘的风险是系统性的风险，一旦大盘下跌，绝大多数股票会受到影响，不受大盘涨跌影响的股票实在是凤毛麟角。

股票做头的原因有两点，一是因为大盘做头了，二是因为个股到了阶段性的高位。在这一节中，我们主要来讲一下大盘做头的特征。

导致大盘下跌的原因，除了可以按照前面讲过的方法，从技术上进行研判之外，还可以结合下面几个基本面方面的因素进行判断：

1. 政策利空

我们经常会遇到管理层出台一些政策，当这些政策属于利空时，就会导致大盘下跌。那么该如何判断一个政策是利好还是利空呢？

（1）股市涨跌的本质是供求关系。凡是导致筹码供应数量增加的，或者是削弱市场购买力的政策都是利空。比如我们经常遇到的扩容，如果没有增量资金的入场，但是加大新股发行力度的话，就属于增加了筹码的供应数量，这就是利空。再比如，出台的一些政策，像提高存款准备金率等，当外围市场的流动资金固定的情况下，这样的政策将导致股市中的资金减少，削弱了购买力，也是利空。

（2）降低上市公司的投资价值的政策是利空。比如加息、提高企业上缴税率等政策会增加企业的经营成本；企业经营业绩下滑会降低企业的投资价值；再比如，国家限制发展的行业政策对相关行业就是利空。

（3）增加机构赚钱难度的政策是利空。比如说，假如2011年融资融券标的证券扩容的话，从目前的经济形式来看，融资的难度相对较大，如果融券较为容易的话，将有利于机构做空。

股市是经济的晴雨表，所有的政策的出台都是有针对性的，凡是针对经济的政策都会直接或者间接地反映在股市中,如果股民不太容易分清政策是利好还是利空,一个简单的方法就是通过股票的走势来验证,消息出台之后,股价跌了,就是利空。千万不能仅凭听到的消息预测股市,一定要注意市场走势对消息的验证,也千万别忽略被验证的消息。

当确认一个政策是利空时,还要注意研判利空影响的时间和影响的程度。一个消息的影响不会是永远的,因此,要考虑它的影响持续时间和影响的程度。比如连续提高存款准备金率对股市的影响,开始的几次一定是影响最大,以后将随着次数的提高,影响越来越小。再比如加息和降息都是有周期性的,加息的初期和加息的末期对股市的影响力一定是不同的。

任何一个事物都是一分为二的,在判断一个政策属于利空的同时,也要看看它积极的一面,比如加息是利空,但其实也说明了宏观经济处于一个上升的通道中,加息的目的之一是可以控制经济上升的速度。综合评判政策对股市的影响之后,需要结合上面地说到的几点再下最后的结论比较好。特别需要注意的是,还要结合股价所处的位置来分析政策对股市的影响,因为政策对股市的影响都是一分为二的,最终哪一个方面起决定性的作用,还要看股价整体处在高位还是低位。

另外,结合前面我们讲过的头部的几个位置,如图2.6-1:

顶的不同类型

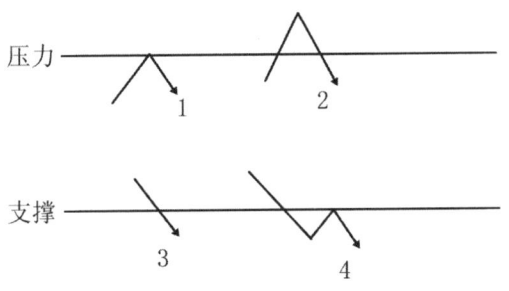

图2.6-1 顶部的类型

按照股价所处的位置不同，前面讲过，顶部的具体类型有以上四种，如果股价是在顶部的位置上出现利空，那么股票就会在基本面和技术面双重压力的作用下，出现加速下跌。

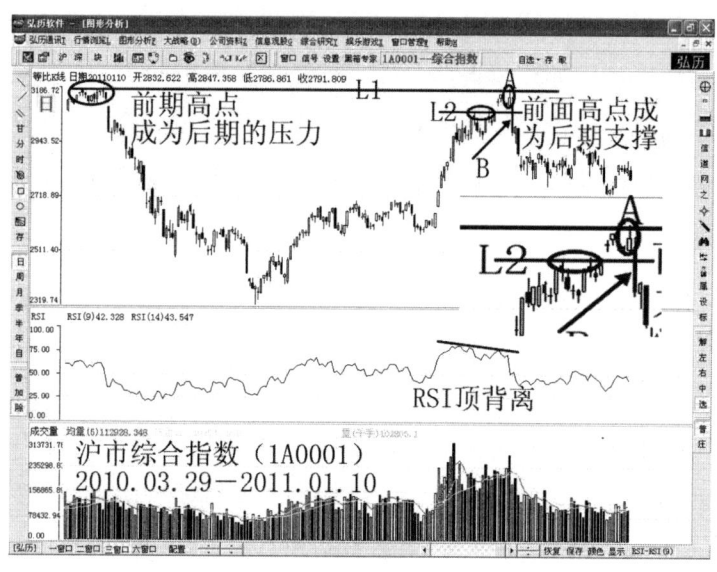

图 2.6-2

说明：上图为沪市综合指数（1A0001）自 2010 年 03 月 29 日至 2011 年 01 月 10 日的日 K 线走势图。图中的小图，是 A 位置前后的放大图形。

在上图中，A，即 2010 年 11 月 11 日，头一天晚上出台消息，从 2010 年的 11 月 16 日开始提高存款准备金率 0.5 个百分点，提高存款准备金率，会减少市场上的流动资金，因此属于利空。再根据技术走势，当天对应的上影线，正好表明此时股价上冲前期高点的压力线 L1 未果，属于图 2.6-1 中所说的第一种顶部；B，一根大阴线，跌破了前期由压力转为支撑的 L2 线，属于图 2.6-1 中的第二种顶部。

也就是说，在一个关键的头部的位置，出台了利空消息，股市在技

术面和基本面合力的作用下引发了股市后期的大跌。

2. 没有持续的热点板块说明大盘整体走势偏弱

大盘下跌除了政策利空之外,还有一点,就是没有持续的热点板块,重点是"持续的"热点板块,而不是昙花一现式的热点板块。股市中持续的热点板块会增加持股人的信心,并能因为局部的赚钱示范效应吸引场外的资金入场,从而推动其他的板块上扬。如果市场缺乏持续的热点,市场就将因缺乏人气而缺乏买盘,此时,一旦遭遇利空,股价就会下跌。

3. 领涨板块和领涨股票做头预示着大盘也会做头

希望初学者记住这一点,这是实战当中判断大盘头部非常有效的技巧。基本上,大盘每一次行情都有领涨的板块和领涨的股票,假如领涨的股票做头,或领涨的板块做头,也就意味着这一波行情即将结束,大盘进入到头部阶段。只是需要注意的是,个股从节奏上会跟大盘在时间上略有差异,但只要是大盘做头了,个股会在系统性风险的影响下,出现阶段性的风险。

4. 通过涨跌幅榜观察多空双方对后市的看法

我们要想把握大盘宏观的方向,至少要每周看一下涨跌幅榜的排序,涨幅榜代表了多方做多的观点;跌幅榜代表的是空方做空的观点;如果涨幅榜多数是连续上涨的股票,或者是不断创新高的股票,而同期跌幅榜上都是上涨途中正常调整的股票,说明市场多方占据了绝对的优势,大盘可以继续看多。如果涨幅榜前列大多都是超跌反弹的股票,而同期跌幅榜的前列绝大多数股票都是持续下跌的股票,甚至是不断创新低的股票,说明市场上空方占据了绝对的优势,大盘将以继续下跌为主。

5. 大盘堆量出现背离,属大盘孕育中期风险的征兆

卖在顶部

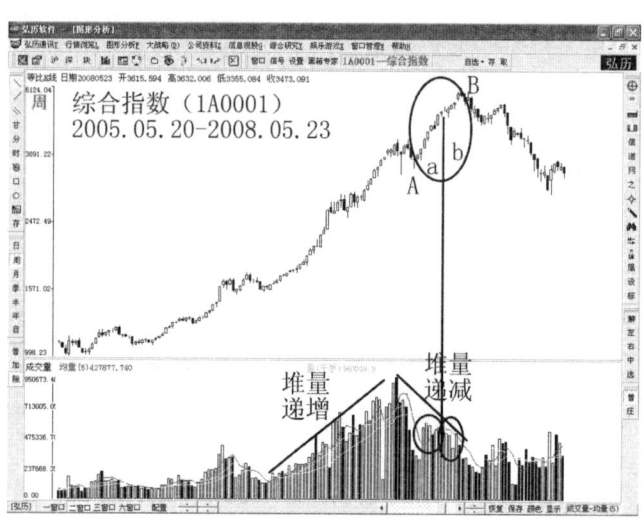

图 2.6-3

说明：上图是综合指数（1A0001）自 2005 年 05 月 20 日至 2008 年 05 月 23 日的周 K 线走势图。

上图在点 A 之前的整体趋势是向上的，且堆量递增，表现出一种匀速放量上升趋势。

自从 A 之后，首先是成交量发生了变化，从 A 到 B 虽然股价还是上升的，但成交量的堆量开始递减，表现出缩量上涨的趋势，这种走势说明大盘已经开始孕育中期风险。

从 A 到 B 的过程中，又分为 a 和 b 两个阶段，a 阶段是上升的且成交量比较平稳，b 阶段再次出现股价上升成交量萎缩的走势，这表明股价开始出现短线风险。在一个中期风险显现的中途，开始显现出短线风险，则头部的特征就非常明显了。

综上所述，只要大盘符合其中的一点，就可以认定大盘处在高位；只要大盘处在高位，就说明股市存在着系统性的风险，那么个股也就会因为受到系统性风险的影响，继而存在着个股下跌的风险。

第二章　如何识别顶部

第七节　识顶注意事项

股票的顶部按照对后期影响时间的长短，分为短期的、中期的和长期的三种。识别短期的顶部，是股民必须掌握的一项很重要的基本能力，因为短期顶部有可能演变成为中长期的顶部。

对于短期顶部的识别，大家可以按照上面讲过的方法在日K线上、或者是30分钟或者是60分钟的K线图上使用。

在识别顶部的过程中，应该注意哪些事项呢？

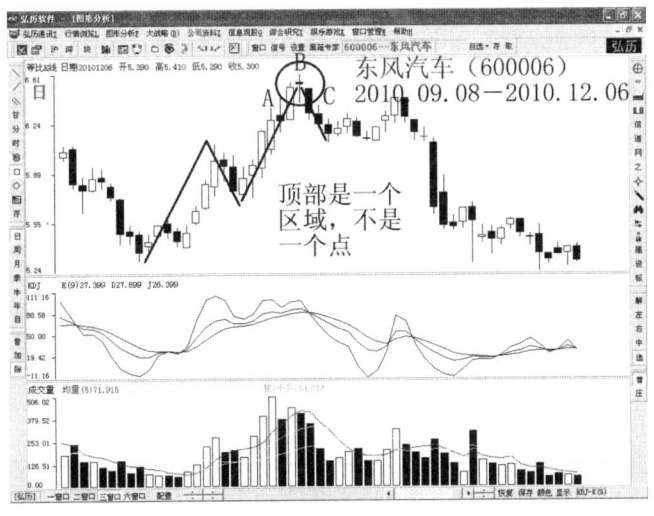

图 2.7-1

说明：上图为东风汽车（600006）自2010年09月08日至2010年12月06日的日K线走势图。我们可以把图中B叫做最高点，但顶部不仅仅是最高点，顶部指的是高位，是一个价格区间，即图中用圆圈圈定的那部分价格区间，即自A至B、再从B至C这个价格范围都是顶部。

顶部不是一蹴而就的，形成顶部有一个循序渐进的过程，比如说，

 卖在顶部

结合上面的案例,我们将短期的头部区分成两个部分:A 到 B 是左侧部分,B 到 C 是右侧部分。

在这两个部分中,对于做短线的人来说,A 到 B 这一阶段比较重要。因为,如果能在这一阶段当中逃顶的话,会有很多优势:如果能卖在 A 到 B 这个阶段,那么会跟卖在 B 到 C 这个阶段的价格差不多,但可以节约 B 到 C 这一段的时间;假如在 A 到 B 这一阶段卖不掉,出现失误的话,后期会人为地给自己后期的卖出制造麻烦。如果能够从 A 到 B 这一阶段认识这是顶部后开始为卖出做准备,再到 B 至 C 这一阶段确认顶部后开始卖出的话,时间比较充分。假如从 A 至 B 这一阶段没有准备,C 出现后,临时感到 BC 这一阶段是顶部,再去分析研究卖与不卖的话,除非你能果断操作,否则,一旦失手,就不像是如果 A 到 B 这个阶段卖不掉,还有 B 到 C 这一阶段机会作为补偿。另外,从心态的角度上说,A 到 B 这个阶段感觉像是卖在较高的价位,心理上容易接受;而 B 到 C 这一阶段,会因懊悔没有卖在高点,从而使自己的卖出动作变得不那么果断,万一因为一时犹豫而错过卖出机会的话,后面就彻底失去了纠正你操作失误的机会。

既然 A 到 B 这一阶段这么重要,那么在实战当中识别这一段走势时,应该注意哪些问题呢?

首先,从感性的角度去理解,从 A 到 B 区间,属于上涨的末期,虽然股票还在涨,但是几乎已经没有了上涨的空间。上方即将面临重要的压力位,股价已经显示出上涨乏力的态势,在盘感上有一种看到压力犯怵的感觉,这感觉就像是在训练警犬冲击障碍物时,警犬每每冲击到障碍物面前就犹豫不敢靠前,似乎有一种心理障碍。从盘感上说,一旦你有了这样的感觉,就要引起高度警惕。

其次,按照下面的步骤和方法去判断和识别这个位置到底有没有筑顶的迹象:

第二章 如何识别顶部

第一步：测顶，通过测顶进一步计算上方的压力位与现价之间的差价。这一步主要是了解还有多大的上涨空间，如果差不多要接近目标位了，就要警惕做头了。

我们仍然沿用上面的案例来说明判断的过程：

图 2.7-2

说明：上图为东风汽车（600006）自 2010 年 09 月 08 日至 2010 年 12 月 06 日的日 K 线走势图。

按照价格对称测顶法来计算：

（1）a 到 b 之间的幅度（b-a＝6.09 元-5.30 元＝0.79 元）

（2）按照 d 到 B 之间的幅度（B-d＝B-5.70 元），大约等于 a 到 b 之间的幅度 0.79 元的话，那么换算得出 B＝0.79 元+d＝0.79+5.70＝6.49 元

即：通过计算，预期 B 点大约的价位在 6.49 元左右。

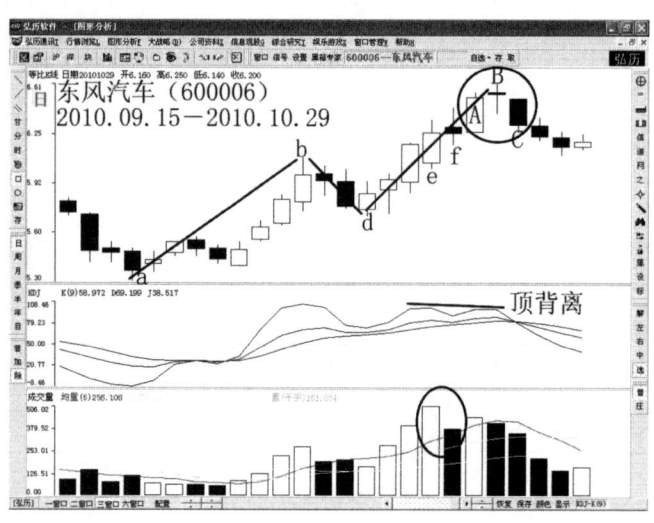

图 2.7-3

说明：上图是东风汽车（600006）自 2010 年 09 月 15 日至 2010 年 10 月 29 日的日 K 线走势图。为了让大家看得清楚，我把图 2.7-2 中要讲解的这一段给放大了。

按照上面的计算，大约 B 的价位在 6.49 元（B 点后来实际走势为 6.61 元），而 A 对应当天的开盘价为 6.26 元，距离计算中的 6.49 元，大约还差 0.23 元。通过计算，A 这天大约距离上方的计算目标很近了，马上就到了上方的压力位了。

第二步：股价在临近目标位之前，是否出现上涨减速或指标顶背离的迹象。

在图 2.7-3 中，在 A 之前的 e 和 f 两天的走势看，e 对应的当天成交量较前期依然是放大的，虽然也收阳线，但是上涨的幅度明显开始减弱（成交量放大，但涨幅减小），f 这天是个上影线略长的阴线十字星，这两天的走势说明股价在上行的过程中开始遇到阻力，并且从 e 这天开始，KDJ 的 J 指标已经出现顶背离的迹象。虽然如此，截止到 f 之前的走势，既没有出现见顶的 K 线，又没有转势，也没有到达预期的上涨目标，所以，在提高警惕的情况下，可以继续持股。

第二章 如何识别顶部

第三步：进一步观察股价在日线上临近短期目标位时，在30分钟图上是否出现改变速度或者是顶背离的迹象。

股票上涨的过程中，从节奏上来说，大致上分为下面两种情况：

第一种是先涨得快，后涨得慢；这样的股票，一旦上升趋势结束（按照前面讲过的转势识顶法去判断即可），就会构成快速的下跌，并且，在下跌的初期几乎没有反弹。形成顶部的时间也较长。

第二种是先涨得慢，后涨得快；这样的股票走势，一旦出现在高位上拉大阳线，且放很大成交量的话，基本就到头了，万一没有及时卖出的话，后期反弹的概率会比第一种大很多。至于形成顶部的规模，要具体看它处于上升波浪中的哪个阶段。

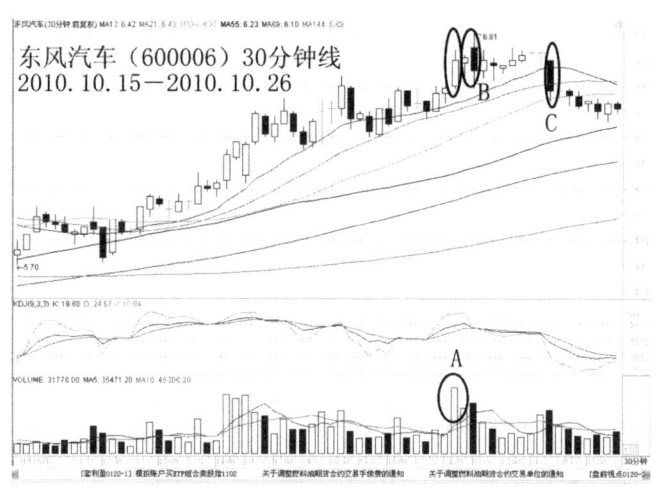

图 2.7-4

说明：上图是截取了图2.7-3中d到C阶段的30分钟的K线走势图。上图中A是该股10月22日下午两点至两点半的K线对应的成交量，很明显，成交量放的很大，股价出现加速上行，最高的时候，股价冲高到6.54元，略高于预期的6.49元，这种在压力位附近放大量攻击压力的情况，说明市场这个位置的压力确实较大，主力开始增加攻击的力量（即放量的含义），此时，结合前面的分析，就要提高警惕，如果压力能突破，股价还可高看一线，如果压力不能冲过去，就容易出现前面图2.2-8中的第一种位置。

接下来的走势，在 B 处，两根 K 线组合（阴线吃掉了前面的阳线）属于我们前面讲过的头部 K 线，此时基本可以判断股价是形成顶部了。

或者从另外一个角度上考虑，如果这个位置上主力放量上攻的话，说明主力是想往上拉升股价，但后期的走势说明这是一个骗线行为。既然主力在这个位置上骗线，那么后期股价的跌幅就不会很小。

接下来，当出现 C 的走势后，股价也就进入到图 2.7-1 说的顶部的右侧阶段了。

从 B 到 C 区间，按照前面的章节中讲过的转势的方法来看，当 30 分钟的 K 线上 C 点出现之后，就完全能够证明 A、B 这个位置是顶部了。此时如果还不赶快果断地卖出的话，就会错失逃顶的最后时机了。

要想不被深套，就必须要记住：虽然股价已经从最高点滑落下来，但是，如果处于下跌的初期，后面还会有下跌的空间，那么现在也依然是顶部！我们一直在强调，无论股价是从低位涨起来的，还是从高位跌下来的，只要后面还有下跌空间，尽管不是最高点，但也还算是顶部。

综上所述，在识别顶部的时候，有一个过程，我们必须按照这个过程建立一个清楚的识别顶部的思路，再加上识别顶部的方法，才能正确地判断顶部，为将来的逃顶做好充分的前期准备工作。

关于中期或者是长期顶部的识别，只要把上面讲过的 K 线单位提高一个时间单位就可以了，比如说，上面讲的是日线和 30 分钟研判短线顶部，那么，如果你需要判断中短线的顶部的话，可参阅周线和 60 分钟的 K 线；需要判断长期顶部的话，选择月 K 线和日 K 线就可以了。

【本章小结】

1. "顶部"这个概念是针对以后而言的，只要以后还有下跌的空间，现在就是高位，哪怕是之前已经跌了很多了。

2. 顶部是一个价格区间，不是最高点。

第二章　如何识别顶部

3. 要提前通过测顶法寻找股价后期运行的重要的压力和支撑。

4. 按照书中所讲的方法，注意观察识别股价是否有顶部的迹象。

5. 当没有及时在高位卖出时，一旦确认股价从高位转势，必须马上要卖掉，不然，就会错过最后逃顶的机会。

第三章 顶部高抛的卖出技法

第三章 顶部高抛的卖出技法

要想做好任何一件事情，就必须要掌握一定的方法和技巧。掌握技巧的前提首先是学习，其次是练习。熟，才能生巧，炒股也是如此。股市中，"熟"指的是经验，"巧"指的是经验的总结和提炼。本书这一部分的内容主要是结合自己的实战经验，根据不同的市场状况下的走势，分门别类地讲解一些逃顶的技巧。

 卖在顶部

第一节 对称拉高卖出技法

【应用范围】：主要应用于短线，偶尔用于中短线，不适合中长线和长线。

【应用前提】：同时满足下面的三个条件，可以使用对称拉高卖出的技法。

1. 股价的上涨首先要满足第一个条件：即在日K线上看，按照对称测顶中讲过的方法，经过估算，上涨基本上对称到位或者是遇到重要的压力位。

我们卖出股票，是为了回避股票后期的调整或者是下跌；股票调整或者是下跌的原因就是上涨到位或者是遇到上方较强的压力。绝大多数的股票的上涨和下跌都不是一蹴而就的，总的来看，股票都是涨跌交替进行的，作为股民来说，要抓住的是有上涨空间的上涨，要规避的是有下跌空间的下跌，因此，我们在分辨上涨和下跌的时候，要结合上涨和下跌的空间进行分析。

在卖出股票的时候，我们卖股票的主要原因是没有上涨空间或者是具有下跌空间。如果忽略了这两个前提，很容易被股市中正常的涨涨跌跌所迷惑。

所以，对称拉高卖出的前提，首先必须要衡量一下，是否没有了上涨空间或者是否具备下跌的空间。假如按照对称测顶的方法测算股价基本上涨到位的时候，即可寻找逢高卖出的时机。

2. 然后，在第一个条件的基础上，满足第二个条件：即日K线或者是30分钟K线出现顶背离迹象或者超买迹象。

当按照对称测顶的方法测算股价基本上涨到位的时候，还需要观察股价是否有做头的迹象，判断股价做头的迹象的方法，可以参阅前面讲过的顶部识别一章中讲过的方法。从短线的角度来说，操作策略上主要

侧重考虑的是：不参与股价可能出现的调整。这样做的目的就是为了重视资金的周转使用效率。

短线来说，股价有可能出现调整的征兆就是出现了头部的迹象，所以，当日 K 线或 30 分钟的 K 线出现顶背离或者超买时，就可以判断股价短线基本上属于顶部了（实战当中，关于 30 分钟的 K 线这一点可以根据自己的操作习惯来确定，假如你习惯了使用 60 分钟 K 线图作为短线操作分析图形的话，你可以使用日 K 线和 60 分钟的 K 线。我习惯将日 K 线和 30 分钟的 K 线图形结合起来研判短线的走势）。

3. 最后，在第一个条件和第二个条件满足之后，当分时走势图中股价拉升时几乎对称到位，且开始出现较大买盘或者是卖盘，股价无力上攻或者快速回落时，即可以抛掉手中的股票，以回避短期的调整。

当股价上涨到目标位附近时，如果出现了较大的卖盘，说明上档的压力较大，可果断卖掉手中的股票，以防止股价出现快速的回落。

当股价上涨即将到位的时候，如果此时出现了较大的买盘，但股价却无力继续上冲时，或者上涨的过程中不能出现持续的买盘推升股价，抑或是虽出现了持续的较大买盘，但股价跌破了持续买盘的价位，说明已经是强弩之末，可果断地抛掉手中的股票。

【实战案例】：

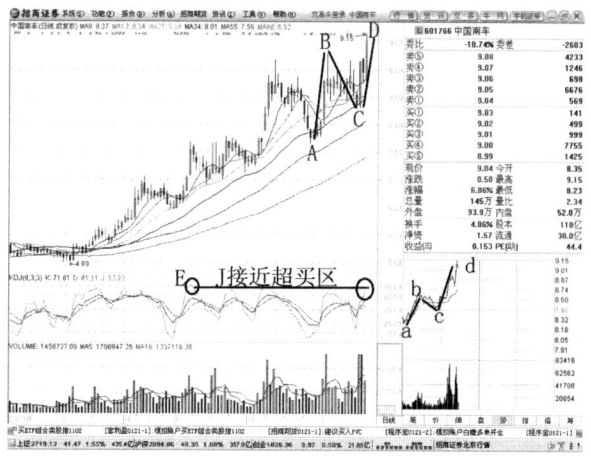

图 3.1-1

说明：上图是中国南车（601766）在 2011 年 01 月 21 日当天截止到 10 点 56 分时的盘中走势情况。当我们看到这个走势的时候，就可以判断这个位置是一个阶段性的头部了。

下面教给大家判断的方法。

按照对称拉高卖出技法中的讲解的技术要点来分析：

1. 从 A（2010 年 12 月 28 日，最低价为 7.16 元）至 B（2011 年 01 月 05 日，最高价为 8.79 元），上涨的幅度为 AB = B - A = 8.79 - 7.16 = 1.63 元；按照该上涨的幅度，预估从 C（2011 年 01 月 18 日，最低价 7.8 元）开始的上涨，大约上涨的目标为 CD = D - C = AB = 1.63，所以，自 C 开始大约后期上涨的幅度为 D = C + AB = 7.8 + 1.63 = 9.43 元。

按照这个计算结果，大约估算自 C 开始的上涨，最终的上涨高度约在 9.4 元左右。

2. 该股在 2011 年 01 月 21 日当天，当股价在 10 点 56 分的时候上冲到最高 9.15 元之后出现了回落（见上图中的分时图中的 d 处，股价出现明显的冲高回落），此时的 KDJ 指标的 J 值也已经接近了前期的 J 值的峰值。

当股价上冲到目标位附近时（预算的目标是 9.43 元，实际走势到了 9.15 元），指标此时也接近前期高点，即意味着股价有筑顶的迹象。

进一步再结合 30 分钟的 K 线图观察：

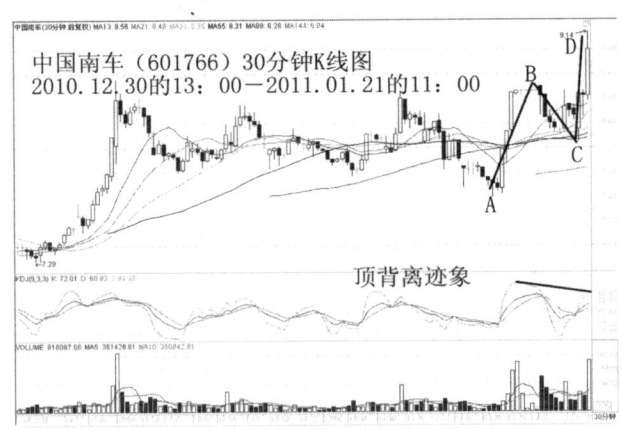

图 3.1-2

第三章　顶部高抛的卖出技法

说明：上图是中国南车（601766）自 2010 年 12 月 30 日的 13：00 至 2011 年 01 月 21 日的 11：00 的 30 分钟的 K 线走势图。

图中，我们看到随着股价到 D 的位置创新高的时候，KDJ 并没有同步创出新高，已经出现顶背离的迹象，股价在 30 分钟的走势图上，也已经出现了非常明显的 N 字波，AB 的幅度为（B 的最高点 8.70 元 -A 的最低点 7.80 元）0.9 元，CD 的幅度大约为（D 的最高点 9.14 元-C 的最低点 8.25 元）0.9 元，二者的幅度基本上相等。

综合日 K 线和 30 分钟的 K 线看，该位置的上涨幅度基本接近，且指标的角度看出现了顶部迹象，因此，短线应当可以卖出了。

3. 当通过 1 和 2 的分析决定卖出时，按照股票的操作思路来说，这些仅仅是预期的分析，属决策范畴，决策是否正确、该不该被执行，还需要进一步根据市场中观察到的交易情况来做最后的验证。

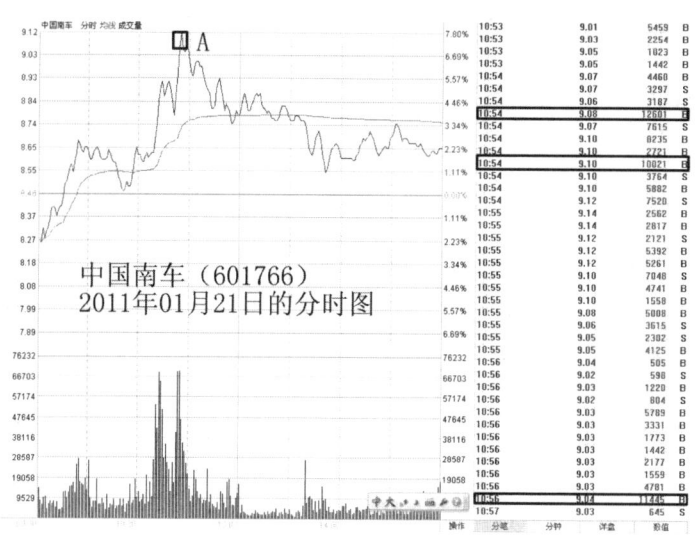

图 3.1-3

说明：上图是该股在 2011 年 01 月 21 日的分时图，图中 A 处就是我们盘中发现该股做头的位置（见图 3.1-1 中的 d 处）。

卖在顶部

在 A 这个价位出现的前后，盘中出现了三次较大的成交单，分别是上图中注明的在 10：54 时，出现的两次较大数量的成交，分别为 9.08 元成交的 12601 手的买单和 9.10 元成交的 10021 手的买单，还有一次是在 10：56 时，在 9.04 元这个价位上成交的 11445 手的买单。股价出现了这样大的三次成交，非但没有把股价继续拉高到一个新的台阶，股价反倒出现了冲高回落，显然，股价在目前这个位置上遇到了较大的压力。

也许有人会探讨这三次成交的真实性，这一点是理性股民应该考虑的问题。这三次成交，非真即假，非假即真，但无论真假，经过我们的假定式推理分析（我们假定这三次成交是真实的买单，那么这么大的买单都不能在继续推高股价，那就说明上方的阻力太大了；假定这个买单是假的，那么股价在这个位置上出现了假的买单就属主力诱多散户的一种行为），都可以说明在这个位置上，股价下跌的概率已经非常大了。

当确定股价在这个位置上下跌概率很大，且前面的 1 和 2 步的决策是决定卖出时，且实时交易的情况已经验明了决策的正确。因此，在这个时候要坚决执行决策，马上卖掉该股就可以逃顶了。

通过该股后来走势的验证，我们对这个位置的判断是非常正确的，该股当天就是在这个价位上随后一路下滑（图 3.1-3 中，A 价格区域成为当天的头部），随后的几天再没有出现较好的表现，在该位置上形成了一个阶段性的顶部。

该股后来的走势如下：

第三章　顶部高抛的卖出技法

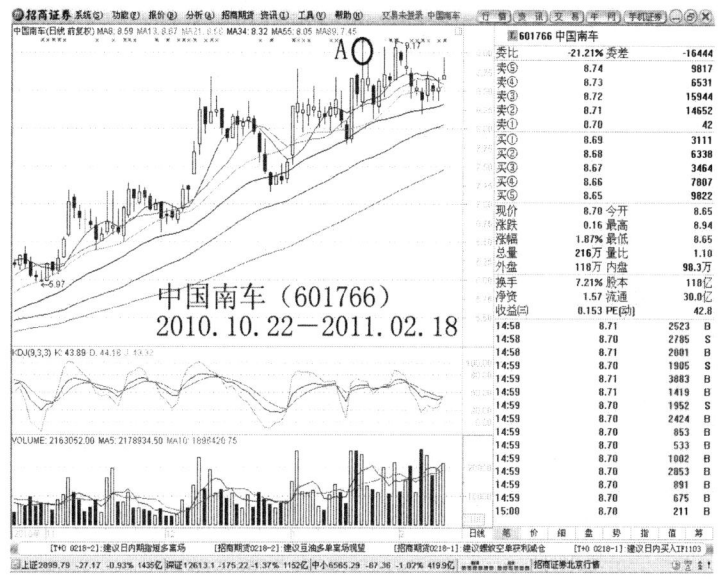

图 3.1-4

说明：上图是中国南车（601766）自 2010 年 10 月 22 日至 2011 年 02 月 18 日的日 K 线走势图。图中 A 处，就是前面案例中讲过的位置。如果能在该位置出局的话，可避免后期股价出现的短线调整，而且还提高了短线资金的使用效率。（有关中线卖出的方法，见后面的章节）。

【注意事项】：在投资者使用该方法卖股票时，必须要注意逻辑推理分析的步骤，即首先是要按照前面章节中所讲过的测算方法，粗略地估算一下股票的上涨目标位，其次是在股价接近上涨目标位时，要按照第二章中讲过的方法观察股价是否出现头部特征。如果股价一旦在接近上涨目标位附近出现头部特征，则需要卖掉股票。当然，有时股价的实际走势会有时高于估算的价位，在这种情况下，我们会有机会逢高卖掉股票，但万一股价没有达到预期的上涨目标就开始下跌，这种情况一旦发生，说明股价比预期的要弱，则更需要逢盘中的高点卖掉股票。

卖在顶部

第二节 通道卖出技法

【应用范围】：多用于把握中、短期卖点或者用于把握股价进入加速上涨阶段的个股逃顶。

【应用前提】：当上升趋势的股票经过二次变轨之后，突然有一天开始呈现角度陡峭的加速上扬，此时投资者可以择机卖掉手中持有的股票。该类型股票的运行轨迹按照分析顺序具体描述为：

1. 股价运行在一个较为平缓的上升通道中。

2. 当股价继续上升突破原有的上升通道之后，进入一个较为陡峭的上升通道，即所谓的变轨。

3. 当股价在新的上升通道中出现加速上升，再次向上突破上升通道时，可以逢高考虑卖出，以回避股价由于持续快速上升之后，因股价短线乖离过大而随时出现的冲高回落。

【实战案例】：

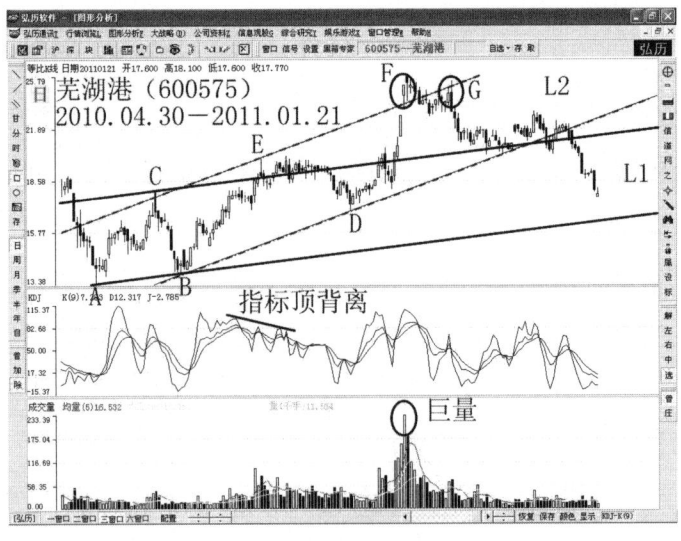

图 3.2-1

— 110 —

第三章 顶部高抛的卖出技法

说明：上图为芜湖港（600575）自 2010 年 04 月 30 日至 2011 年 01 月 21 日的日 K 线走势图。上图中的 F 区间，即属于阶段性的高抛位置。

详细分析过程如下：

当该股自 D 点启动、经过短暂的回调之后，再次出现了加速上扬，这种快速涨起来的股票，一旦出现下跌，极易出现快速的回落，如果没有事先的准备，就会让投资者面对快速的下跌显得束手无策，等事后反应过来，卖出机会已经失去。剩下的只有悔和恨。为了避免这种的情况的发生，投资者需要在这个时候提前寻找卖出的时机，为将来高抛做好技术上的准备。准备的步骤如下：

连结图中 A、B 两点作为趋势线，经过 C 点做 AB 的平行线，得到上升通道 L1。股价自 B 点开始上升，在接触到通道 L1 上轨附近时，虽曾经有过突破，但最终没有能够在 L1 通道的上轨之外站稳（没有站稳的原因，可以关注 B 到 E 阶段，此时 KDJ 指标已经出现了顶背离特征），股价按照预期应当调整到通道 L1 的下轨处，但是，D 点并没有达到预期调整的位置，便开始上升，这种走势表明股价的调整要强于想象的预期，或者说，股价自 D 点开始出现了加速上升。这个时候，当 D 点确认之后，可以连结 B、D 重新做一条新的上升趋势线，经过 E 点做 BD 的平行线，形成新的上升通道 L2。

当股价放量上冲，突破通道 L1 的上轨时，因为量价配置属于价升量增的走势，这样的上升趋势是健康的，但是，当股价继续放量上冲突破上升通道 L2 时，已经连续变轨，形成了两条上升的通道，因通道 L2 的角度要比 L1 陡峭，并且由于股价自 A 点开始的上升趋势经过加速之后，到达 F 点时，因为成交量巨大，过度透支了上升的动能会导致量能衰竭，从而导致股价由于没有上升动能的支撑而改变原有的上升力度或者上升速度，因此，此时即可考虑逢高卖掉手中的股票，以回避股价冲高之后的回落。

如果没有及时在 F 点附近卖出的话，当股价重新跌回到上升通道 L2 时，说明 F 点的突破是假突破，因此，当股价在 G 点出现下跌，反弹后受到通道 L2 上轨的压力回落时，属于最后一次逃顶的机会，一定要及时果断地把股票卖掉。

该方法用于实战时，若股价在上升的过程中没有出现变轨的迹象，但形成通道的角度较为陡峭，投资者也应该按照上述这样的方法进行处理，即股价突破较为陡峭的上升通道上轨后，择机逢高卖掉手中的股票。

例如下面的案例：

图 3.2-2

说明：上图为 *ST 南方（000716）自 2010 年 01 月 25 日至 2011 年 02 月 25 日的日 K 线走势图。

经过 A 和 C 点做上升趋势线，经过 B 点做趋势线的平行线，得到上升通道 L1，股价在 D 价位附近，向上突破了上升通道 L1 的上轨，此时，由于上升通道的角度较为陡峭，因此，不应该作为向上突破的买点，反而应该作为逢高抛出的卖点来处理。

第三章　顶部高抛的卖出技法

在使用上升通道卖出法的时候，一定要注意的是上升通道的角度，这一点非常重要，如果上升通道的角度较为陡峭，可以按照上述的方法卖出。但如果上升通道的角度较为平缓的话，当股价向上突破上升通道上轨的时候，不但不应该卖出，反而应该买进，例如下面的案例：

图 3.2-3

说明：上图为青海华鼎（600243）自 2010 年 06 月 30 日至 2011 年 02 月 25 日的日 K 线走势图。上图中的通道 L1，在 D 位置被向上突破之后，又涨了一段，这是因为通道 L1 的角度较为平缓，所以，这种角度较为平缓的通道被向上突破时，不能当做卖点来处理。投资者必须要注意到这个区别，上图这种角度较为平缓的上升通道和前面讲过的角度较为陡峭的上升通道（如图 3.2-2 中的通道 L1）在被向上突破时，操作策略是不一样的。所以，当一个上升通道被向上突破时，我们该采取什么样的操作策略，还要根据上升通道的角度而定。

第三节　主力出货时时卖出技法

【应用范围】：在大多数的情况下，当股票中、短期之内有了较大

的涨幅之后，发现主力有出货的迹象时，投资者必须要逢高卖掉股票。

【应用前提】：发现主力出货的时候，就是散户清仓的时候。

主力炒作一只股票的目的跟散户是一样的，都是为了赚钱。原来股市只有单边操作才能赚钱的时候，主力必须把股票炒高之后卖掉才能赚钱；而现在随着市场交易品种的不断丰富，交易制度的日益完善，比如期货炒作品种的推出以及融券业务的出现让市场改变了原来只有做多才能赚钱的交易规则。在无论涨跌主力都有可能赚钱的情况下，怎么看待主力出货呢？

我们必须要清楚的概念就是，无论交易规则如何改变，其中依然存在着不变的东西，也就是导致股市上涨或者下跌最本质的东西不会改变：

一、买的多了，股价会涨；卖的多了，股价会跌；

二、股票涨的多了就会跌；跌的多了就会涨；

其实，对于散户来说，也许有很多的问题搞不清楚，但是，只要尝试着从逻辑推理的角度上认识股市和分析股市就可以了。

比如说到主力出货的问题，从散户的角度上看，因为目前大多数散户还是不能参与股指期货的炒作，也不能参与到融资融券的业务中，因此，散户目前的操作方式，还必须是只能做对了多头才能赚钱。

所以，从逻辑上考虑，凡是能阻止股价上涨或者是导致股价下跌的一切迹象，散户都应该重视，特别是在股市中发现有主力集中抛售股票的现象的时候，更应该引起我们的重视。

写本节的内容的时候，我希望能用简单的话就把主力出货的特征说清楚，因为读者希望能有个简单的且必须是可执行的标准来衡量主力出货，但后来想了半天，还是感觉这不是个能简单说清楚的事儿，因为，主力要想出货，必须跟股民斗智斗勇（其实建仓也这样），因此我们也只能从逻辑思维的角度上进行考虑，然后按照逻辑进行推理，再结合看到的盘面信息进行验证分析。这篇短文的主要目的是为了大家在学习的

第三章 顶部高抛的卖出技法

过程中，能够了解和掌握一种技术分析的推理分析思路，掌握其中的方法是次要的，因为在实战当中，主力是很狡猾的。然而再狡猾的主力，也会在盘面露出破绽，当然，这个破绽必须看你是否能识破。

出货的主力有几个问题是比较关键的问题，散户学会缜密的逻辑推理就可以把问题想清楚：

一、主力出货

主力出货，那么其结果必然使得自己手里的股票在出货的这段时间越来越少，如何买卖才能使得手里的股票越来越少？我们可以用下面这几个思维逻辑来推导出主力的两种操作方式：

1. 只卖不买

只卖不买的方式会让主力自己手里的持股数量越来越少。但是，这样的买卖方式，极容易导致市场因大量的集中抛盘出现快速的下跌，其结果也会导致主力抛售的成本较低，或者因短时出现的较为集中的大量抛单甚至导致股票跌停，在这种情况下，主力也卖不掉。因此，只卖不买的出货方式出现的概率极小。

2. 多卖少买

多卖少买的方式也会使得主力手里的持股数量越来越少。多卖少买的操作方式有几种呢？一是大单子卖、小单子买的操作方式可以达到多卖少买的效果；二是假如每一次单子的数量差不多的话，那么在单位时间内，累计持续笔数的多卖、少买（比如3分钟之内，累计5笔卖出的和2笔买入的、成交数量差不多的成交）也能最终达到使主力手里的持股数量越来越少的效果。

基于以上两点的推理分析，我们基本上就可以找到看盘过程中的要点，即当我们发现盘中买卖成交的单子符合上述两点特征之一的话，就基本上可以认定主力是在出货。

另外，主力出货并不一定是因为在市场中赚了钱。相对盘子较小的

股票来说，因为它们的涨跌对股指的影响较小，所以，主力出货的原因可能是因为在市场中有了一定幅度的盈利；而盘子较大的股票，因为它们的涨跌对股指的影响很大，因此，主力出货的原因也有可能是为了打压权重股以求做空股指而盈利。因此，我们观察主力出货的目的是为了判断股票后期的涨跌，而不必过多追究主力出货的原因。

【实战案例】：

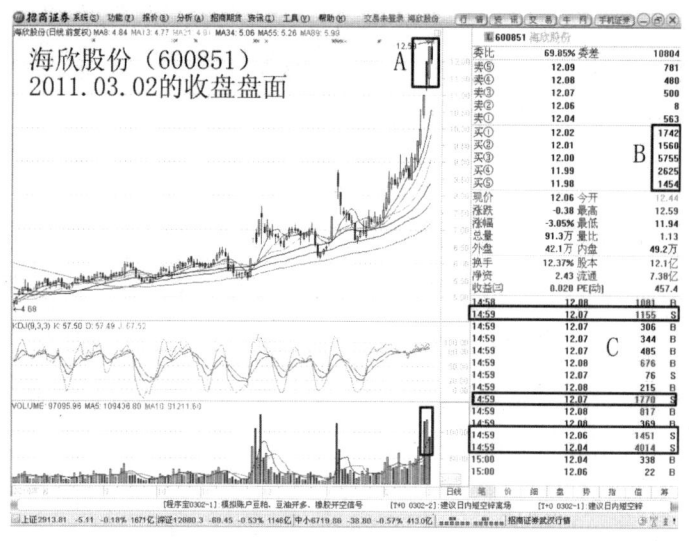

图 3.3-1

说明：上图为海欣股份（600851）于 2011 年 03 月 02 日收盘之后的盘面信息。通过这个盘面信息我们能看到哪些内容呢？

1. A 区：首先股价短线上涨的累计涨幅过大，股价出现了加速放量上涨之后的震荡走势。K 线看到的是两根阴线中夹杂着一根阳线，虽然三天的 K 线单独来看股价震荡幅度较大，但将 3 天的走势联系到一起看的话，其实股价没涨多少。纯属股价短线涨高了之后的剧烈震荡。震荡的目的有两种可能，即洗盘或者是出货。

2. B 区：挂着五挡较大的持续性的买盘，从买一到买五都是大手笔

第三章 顶部高抛的卖出技法

的买盘，这显示买方的欲望在目前的价位上依然很强烈。

3. C 区：当中我们看到成交的数量当中，较大的几笔成交单都是卖单。这有点像我们前面讲过的主力出货的特征。

在实战当中，我们该如何判断主力是洗盘还是出货呢？这就需要我们借助于逻辑分析判断法。

首先，我们按照第二步看到的现象，假设 B 的挂单是真实的，那么后期股价就应该在这些买盘的推动下，继续上涨才对，或者说，如果这些买单真的是想继续买进这只股票，那么今天没有买到的话，可以第二天接着买。或者，我们根据第三步看到的现象，从另一个角度上考虑，如果是主力打算在目前价位上出货的话，后期股价主要应该以下跌为主。

接下来，我们需要根据后期的走势验证第二步和第三步我们看到的信息哪一个更为真实。于是，我们从第二天的开盘走势接着观察，发现了下列信息：

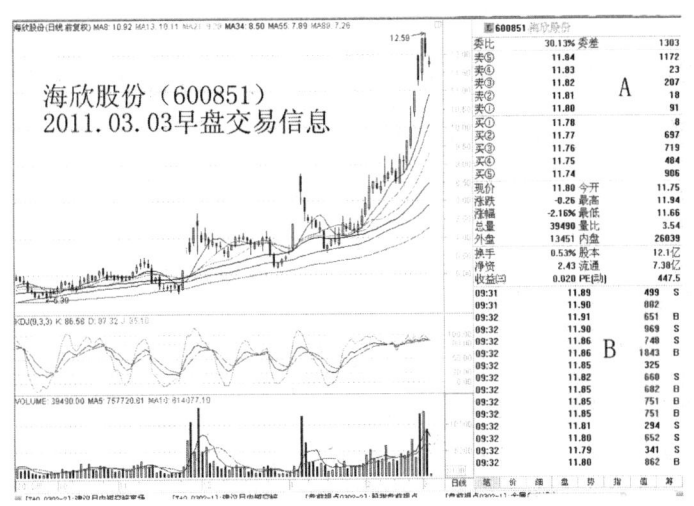

图 3.3-2

说明：上图为海欣股份（600851）于 2011 年 03 月 03 日早上开盘之后的盘面信息。这些盘面信息反馈给我们的是什么呢？

首先看挂单区，即上图中的 A 区，除了卖⑤的挂单是四位数的抛单，剩下的几档卖盘数量都不大，而在买盘挂单中，依然是相对的买盘较多，只是，没有上一个交易日收盘后我们看到的盘面显示的那么多（即图3.3-1中的 B 所示的那么多），从逻辑推理的角度来说，昨天尾盘还挂在买盘位置的单子属于当天没有买到的，如果这些单子真正想买的话，那么如果头一天没有买到，可以在第二天接着买。从早盘的盘面挂单的信息和成交的信息看，买方的意愿和买入力量依然较强。结合盘面的这些信息，因此我们可以推断股价暂时的下跌属于主力的洗盘行为。所以，可以继续持有这只股票。

另外，从早盘的走势看，昨天尾盘出现的较大卖单说明该位置有人在卖出股票，但今天早上并没有继续出现，从逻辑上说，假如主力真的想在这个位置上出货的话，早上依然会继续出现较为连续的大的卖单，但我们从成交的情况看，并非如此。因此我们也可以断定，昨天那些卖单仅仅是主力用来洗盘而抛出的筹码。

我们需要注意的是，主力的洗盘行为和出货行为有类似的地方，就是这些行为都会引发股价的调整，但是，虽然股价的表现形式相同，可是调整的性质却不同，因此我们对应的操作策略也该大不相同，主力出货，我们必须要卖掉股票，而主力洗盘我们却可以趁机买进。

我们判断主力的出货行为，是要根据股价所处的位置和盘口买卖的交易情况进行综合逻辑推理分析。主力出货有很多种方式，包括拉高出货、震荡横盘出货和下跌出货，但不同的出货方式具备共同的前提和特征，即：一是股价有了足够大的涨幅（比如像上面的海欣股份，股价强势脱离成本区之后的累计涨幅并不大，且主力在盘中还存在着继续做多的意愿。但是，下面的包钢股份则不同，除了累计涨幅过大之外，主力还有出货的嫌疑；你可以从两者的区别中体会什么是洗盘与出货）；二是股价在阶段性的高位出现集中的、且以大单或者是持续中单卖出为

第三章　顶部高抛的卖出技法

主的交易行为；三是一旦股价破位之后很难在短期之内恢复原位；除了以上这几个共同的特征之外，股价还有可能在相对的高位出现放量不涨的现象等。

例如下面的包钢股份：

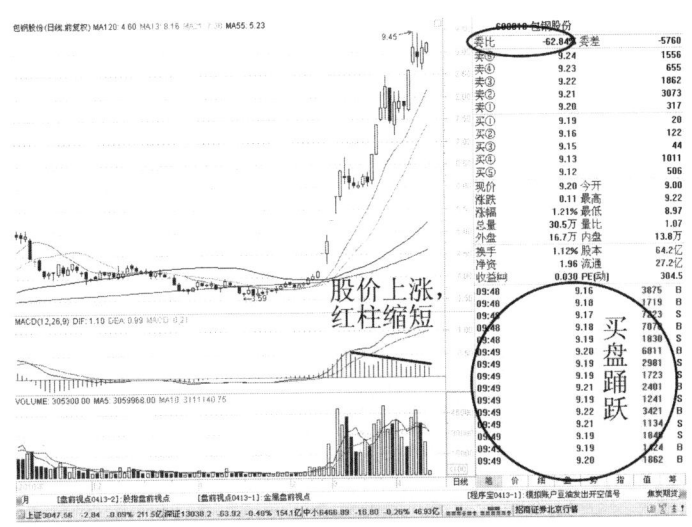

图 3.3-3

说明：上图为包钢股份（600010）于 2011 年 04 月 14 日当天早盘 9：48 分到 9：49 分时的走势图。盘面信息显示，当时的委比为 -62.84%，这说明当时委卖占据了相当大的比重；再从成交的情况看，我们发现成交非常踊跃，且主动性买盘较多，但股价上涨的幅度和速度显然和这些数量的买盘不成比例，股价买盘较大、较多，但股价涨幅小且上涨无力；结合委托买卖情况（卖盘大，买盘小）和成交情况（内盘小，外盘大）分析（挂单和成交单矛盾），再结合当时的指标 MACD 的红柱逐步缩短（与股价创新高呈背离走势）和该股近期累计涨幅过大的走势，因此，可以判断主力有出货的嫌疑。再加上股价已经处在第五浪的上涨之中，所以，若持有该股的，可以考虑逢高派发。

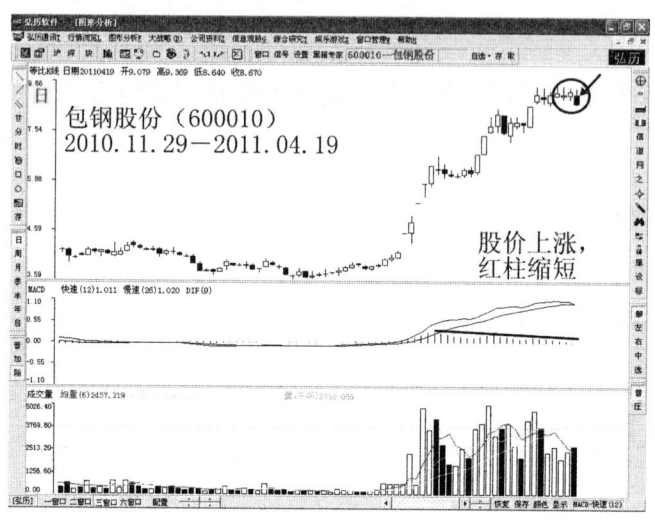

图 3.3-4

说明：上图为包钢股份（600010）于 2010 年 11 月 29 日至 2011 年 4 月 19 日的日 K 线走势图。图中箭头所指的即 2011 年 04 月 19 日当天的阴线，这根阴线跌破了图 3.3-3 中我们在成交区统计的成交密集区所对应的股价，从逻辑上说，主力不会在这样高的位置轻易地跌破自己的交易成本区，所以，这个盘面信息进一步验证了我们在图 3.3-3 中认为的主力出货的判断。因此，持有该股的投资者如果没能在 04 月 14 日当天逢高派发的话，则应根据 19 日的走势，在确定主力出货后，必须果断地出局。

【注意事项】：

1. 在实战中，一旦发现主力有出货的行为，必须要逢高卖掉自己的股票，否则，主力一旦出货结束的话，股价将会出现快速跳楼式的下跌，散户再想卖股票的话，就会损失一大段利润，甚至有可能惨遭深度套牢。

2. 在实战中，要结合股价中期趋势来判断股价的位置。不可把主力洗盘当成是主力出货，关于出货与洗盘的区别，首要判别的方法就是是否主力有了足够的赢利空间，其次是根据本文列举的两个案例中所讲的逻辑推理进行判断。

3. 关于累计涨幅的大小，需要结合当时大盘所处的位置来定。例

第三章 顶部高抛的卖出技法

如当时图3.3-2中的海欣股份对应的大盘的中期走势尚好；而图3.3-4中的包钢股份对应的大盘已经出现了中线调整的信号。

第四节 量价背离高抛卖出技法

【应用范围】：适用于研判中期上升趋势的个股，利用该方法可以把握上升途中的阶段性高抛点。

【应用原理】：成交量反映了大众的交易心理。

表面上看，成交量的表现形式分为放大、持平或者是缩小三种情况，实际上，成交量大小的变化反应了广大投资者交易心理的变化。股市中有买有卖才能有成交，只有买没有卖或者只有卖没有买，都不会有成交。

成交量放大，从资金的角度上看，说明股市有增量资金入场或者是场内大量资金离场。从投资者的交易心理来看，说明了投资者的买卖双方对当前股价的后期走势发生了较大分歧，当大家对股价后期的走势发生较大分歧的时候，看空的人选择卖出，看多的人选择买进，如果先前场外观望的人也看涨，就会引发增量资金的入场，此时成交量会放大，股价会上涨；如果场内资金离场，导致市场内出现恐慌情绪，进一步引发集中的抛售行为，但仍有部分看好后市的人买进，成交量也会放大。

随着大家对后期看法由较大分歧逐步转为看法一致的时候，要么就是大家都看涨而不想卖，想买的较难买到；或者大家都看跌，市场没有接盘，交投清淡，想卖的也卖不出去，从而导致成交量维持前一阶段的水平或者是成交量缩小。

在看成交量大小变化的时候，需要对成交量的变化进行横向比较与纵向比较。横向比较的意思是指将成交量的堆量之间进行对比，也就是

把参与每一波行情的人群交易量做个对比（堆量就是类似于土堆一样的成交量，它是由投资者集中交易形成的），对比堆量的目的是为了对股价的中期趋势做出判断。在通常情况下，一个中期趋势的改变，首先是成交量堆量的趋势发生改变。成交量的纵向对比是指将当日成交量（或30分钟、60分钟、周、月等）与相邻的前一天的成交量多少（或30分钟、60分钟、周、月等）进行对比，以便于对下一个时间单位的走势作出相应的判断。

在对比的过程中，如果发现股价创了新高，但对应的成交量没有创新高，就是平常所说的量价顶背离。还有另外一种量价背离就是放大的成交量和上涨的幅度不成比例，要么是成交量放大，但是涨幅变小或者涨速变慢；要么是涨幅过大，但是成交量相对较小，这两种情况也是量价的顶背离。

当股价出现量价顶背离时即意味着股价进入到一个阶段性的高位，要逢高卖掉手中的股票。

【实战案例】

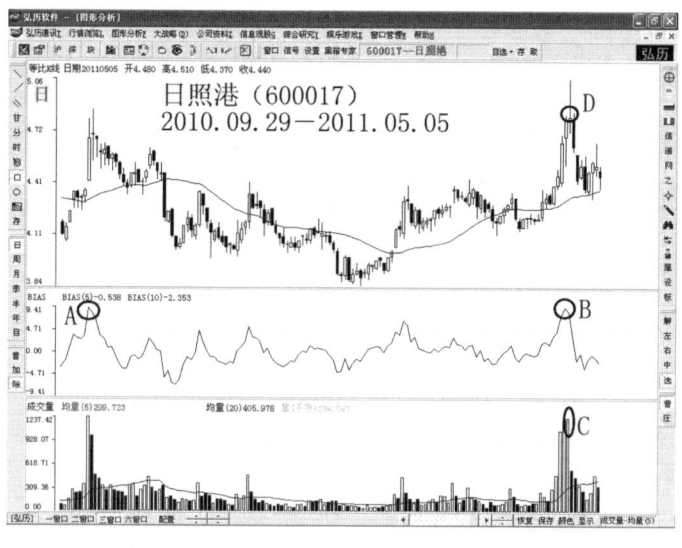

图 3.4-1

第三章 顶部高抛的卖出技法

说明：上图为日照港（600017）自 2010 年 09 月 29 日至 2011 年 05 月 05 日的日 K 线走势图。

上图中，C 处（2011 年 04 月 22 日）对应的成交量与前期相比巨大，但从连续三天的走势看，成交量虽然是连续的略有放大，可是连续 3 天的 K 线实体却逐日缩小，图中 D 处更是出现放量的带有长长上影线的 K 线，这是典型的短线高位的特征。因为按照成交量来说，成交量放大，上涨的动能加大，股价应该涨的更多，但长长的上影线说明尽管动能加大，但涨幅缩小，表明在这个位置上阻力很大。再加上乖离率 B 点处于前期对应的 A 点的高位，由此判断股价已经处于了阶段性的高位，因此，这个位置上要卖掉该股，必须要卖，卖出是原则，至于具体多少钱卖出去，只是方法的问题。

图 3.4-2

说明：上图为上海能源（600508）自 2011 年 01 月 28 日至 2011 年 04 月 28 日的日 K 线走势图。

图中 1 对应的那一天是个放量的、带有长上影的小阴线,这个 K 线有点像坟前的墓碑,是典型的见顶 K 线,且正好处在前期高点压力位的附近。在实战中,当出现这样的放量 K 线时,必须要卖掉股票。假如还存有一丝幻想,当天没有及时出掉的话,则在第 2 天早盘低开之后,必须卖掉。作为盯盘的人来说,1 那天如果是在盘中盯盘的话,盘中曾在某个时候股价还是放量的阳线,如果放量都不敢冲击前期高点的话,本身就说明这个位置很惧怕压力。因此,在股价冲高回落的时候,可选择逢高卖掉。第 2 天的低开,再次验证了股价已经开始走弱,此时,如果 1 的位置没有卖掉该股,在 2 的走势出现之后,也必须要卖掉手中持有的股票。

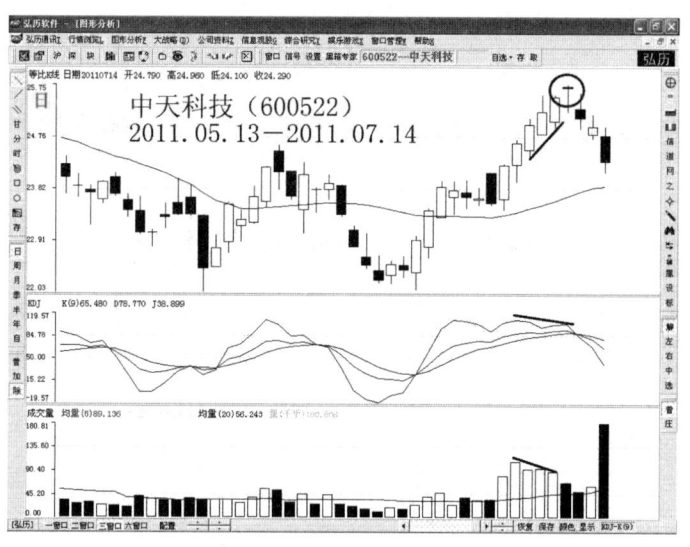

图 3.4-3

说明:上图为中天科技(600522)自 2011 年 05 月 13 日至 2011 年 07 月 14 日的日 K 线走势图。

图中圈定那一天的 K 线是一个下影线很长的、略带上影线的十字

第三章 顶部高抛的卖出技法

星，这样的 K 线出现在一定的累计涨幅之后，属吊线，是头部 K 线的一种，在此之前，随着股价的上涨，成交量已经开始萎缩，明显的是量价背离，并且 KDJ 的 J 也出现了顶背离的走势。这些特征综合说明这时的股价已经处在了高位，当股价在高位出现吊线的时候，表明头部已经形成，此时持股的人就要择机卖掉该股。

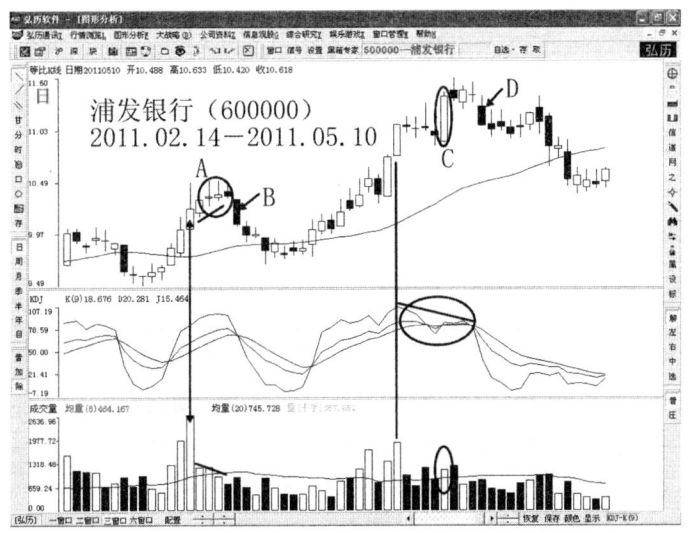

图 3.4-4

说明：上图为浦发银行（600000）自 2011 年 02 月 14 日至 2011 年 05 月 10 日的日 K 线走势图。

上图中 A 价格区间是股价震荡上升、但成交量缩小的走势，属量价背离，此时要逢高择机减持，如果从稳健的角度认为趋势还没走坏的话，那么当 B 点出现低开，就验证了前期缩量上扬孕育的短线风险，此时就要果断地卖掉该股，以规避股价短期调整带来的风险。

后期 C 点之前的走势属于伴随成交量稳步放大的价升量增的上涨走势，当 C 点出现之后，股价创了新高，但当天的成交量并没有有效的放大，同时 KDJ 的 KD 和 J 双双出现了顶背离，在这种情况下，股价

 卖在顶部

孕育的是中短期的风险，因此，从中线的角度上，投资者要逢高卖掉手中的股票，即便存有幻想，当 D 点出现之后，证实风险真的来临了，在这种情况下，我们必须果断地卖掉股票，以回避中期调整带来的风险。

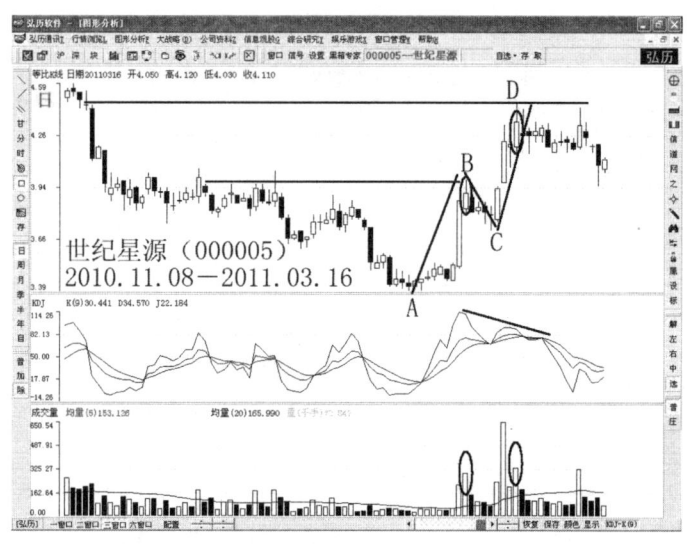

图 3.4-5

说明：上图为世纪星源（000005）自 2010 年 11 月 08 日至 2011 年 03 月 16 日的日 K 线走势图。

上图中的 B 和 D 都是量价背离的阳线，同属阶段性顶部的特征。

B 点那一天对应的成交量相比前一个交易日放大，可是 K 线上涨的幅度却没有上一个交易日大，这放量滞涨的现象，属于量价背离，且股价上涨遇到了前期整理平台的压力，这是短线风险来临的征兆，但成交量的堆量比前期大了很多，这种成交量堆量的放大趋势，说明股价的中期趋势依然向好，前期我们讲过，堆量趋势的改变是中线趋势改变的必要条件，因为成交量的堆量趋势向好，而 B 出现了阶段性顶部的特征，

因此，B点只是一个短线卖点。

D点那一天股价创了新高，可成交量却相比前一个交易日缩小，这种情况也属于量价背离，俗称无量空涨。无量空涨，对于一个短期的上涨趋势来说，是上涨得不到市场的确认，没有人追随导致的，没有买方追随的上升趋势很难持续。因此，当股价D点创出新高之后，成交量反而缩小了，这一量价关系显示市场开始有风险了。再加上这个价位遇到前期阻力，并且按照前期讲过的对称高抛的方法，股价从A到B的上涨幅度大约为（B-A=3.99-3.39）0.6元，经过调整之后，从C到D大约上涨了（D-C=4.46-3.70）0.76元，上涨基本也到位了，在这个时候，可以考虑择机卖出股票。

【注意事项】：

股价的上升是需要成交量支持的，如果一个上升趋势没有成交量的支持，那么这个上升趋势的持续性是得不到保障的。量价背离的时间越长，意味着风险越大；量价背离的级别越高，风险越大。量价背离是风险提示，特别是同时出现指标的顶背离迹象时，则意味着风险更大，当然，不能仅仅凭着量价背离就卖出股票，但如果此时一旦当股价出现筑顶的K线，就应当卖出股票。

第五节 乖离率高抛卖出技法

【适用范围】：该方法适用于寻找短线或者波段的高抛卖点。

【应用原理】：乖离率这个指标，反应的是股价与均线之间的偏离程度的大小。均线，常常被技术分析者用来作为衡量市场一段时间之内平均成本的标准，当股价与之偏离太远了之后，说明股价较大幅度地偏离了市场的平均成本，这会引发市场出现获利盘的兑现行为。根据物极必反的原理，股价会向均线靠拢，这是摆动原理在股市中的一种运用。

其实，生活中的很多常识，包括一些理性的逻辑思维推理，都可以被聪明的人拿来应用在股市中，并且能够举一反三；假如你在生活中是一个逻辑思维能力稍强的人，只要你能够把生活中的一些道理移植到股市中，那么，这些道理将一定会让你受益匪浅。比如说下面这个图形：

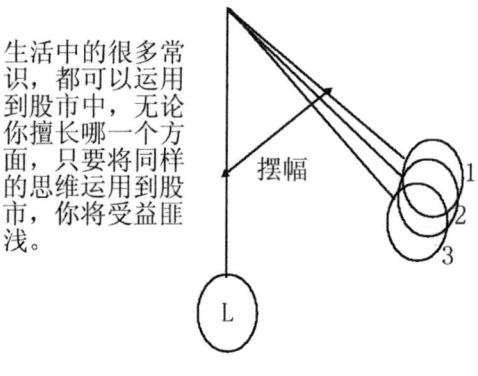

图 3.5-1

说明：上面的这个图形，你可以看成是钟摆的一部分。钟摆在左右摆动的过程中，首先可以确定一个摆动的中心位置，即图中的 L，然后，我们可以通过反复几次观察，确定它的最大摆幅。假如我们通过反复的几次观察之后，确定 1 的位置就是它最大摆幅的位置。

当确定了 L 的位置和 1 的位置之后，即确定了中心和摆幅。虽然我们以后不能每一次都精准地抓住 1 的位置，但当钟摆摆动到 3 的位置（或者 2 的位置）的时候，我们就可以判断钟摆即将达到最大摆幅之后向相反的方向摆动。也许，我们的判断出现了点小小的失误，即，当我们认为钟摆到达 3 的位置时，会向相反的位置摆动，但钟摆随后摆动到了 2 的位置,此时,我们会不会改变看法呢?答案是"不"!因为它从 3 的位置上,摆的越高,我们就越坚信我们的看法是正确的,并且就算我们坚持我们的观点,到最后也一定不会在判断上犯错误。也就是说,我们会在"精准"这个问题上出现失误,但是,我们绝对不会出现大的原则性的错误。

这个钟摆的道理已经被人们用在了股市中,而且按照这个道理人们发明了很多指标,这类指标通称为摆动类的指标,例如威廉指标 WR、乖离率指标 BIAS、随即指标 KDJ、强弱指标 RSI 等,其原理都是利用了钟摆的原理,即我们通过观察指标的摆动幅度,首先判断指标是否到达了最大摆幅,然后根据指标对应的股价进行研判,即根据股价阶段性的偏离幅度进行研判,最终来判断股价是否处在阶段性高点或者是低点。如果指标到达了最大的摆动幅度,那么意味着股价也即将出现最大的偏离幅度,随后股价会因到达最大的摆幅,而向相反的方向摆动。在这些指标中,比较有代表性的就是乖离率。

乖离率指标,英文简称 BIAS,它的主要原理就是钟摆原理在股市中的运用,即认为股价会以某条均线为中心进行摆动,然后通过衡量股价与均线的偏离幅度来判断股价阶段性的高点和低点。

一、乖离率的简介

1. 计算公式

BIAS=(收盘价-收盘价的 N 日简单平均)÷收盘价的 N 日简单平均×100%

其中,"收盘价的 N 日简单平均"指的就是 N 日的平均线,所以,上面的公式即

BIAS=(收盘价-N 日平均线)÷N 日平均线×100%

2. 原理

在上述的公式中,通过计算"收盘价-N日平均线",可以得出现在股价跟N日平均线之间的距离;除以N日平均线之后乘以100%就是计算股价与N日平均线之间的偏离幅度。

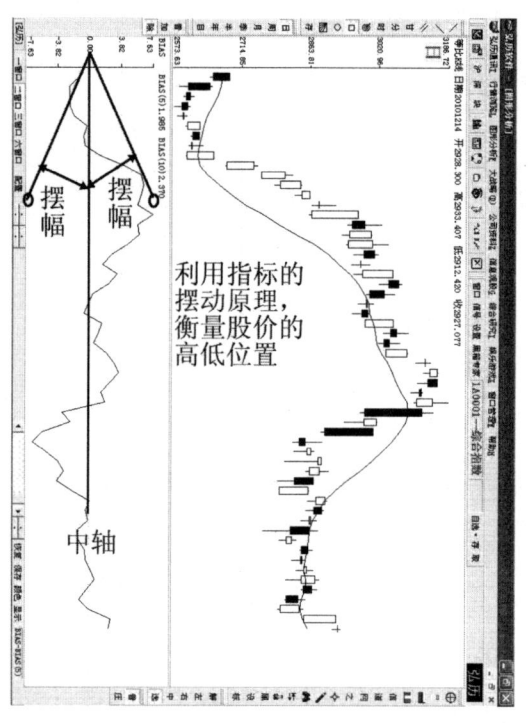

图 3.5-2

说明:为了进一步说明乖离率的原理,上图是把股票的走势图旋转了一个角度。左侧就是乖离率指标。根据摆动原理,利用乖离率的零轴(中轴)作为摆动的中心位置,通过观察乖离率的摆幅(在上图中就是向左或者是向右,在实际中就是向上或者向下,如下图),来判断股票的高低位置。

二、应用

我们把上面的图形放回到正常的情况下看,如下图:

第三章 顶部高抛的卖出技法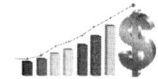

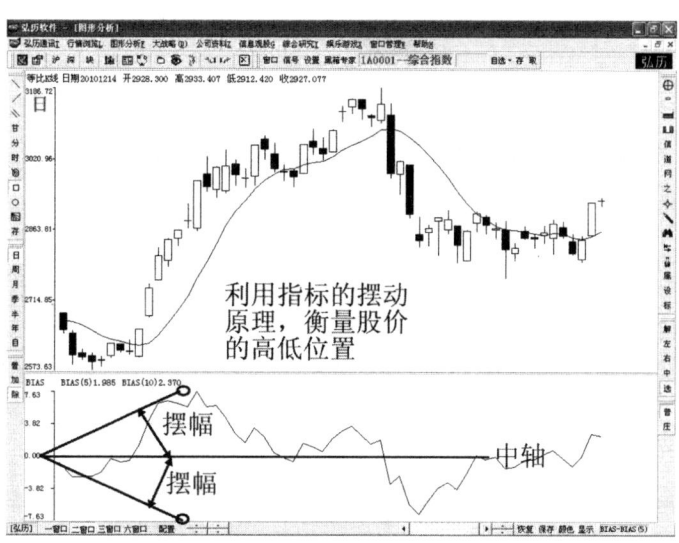

图 3.5-3

说明：当我们按照摆动的原理使用乖离率这个指标时，使用的技术要点首先就是确定中轴，如上图所示（实际中中轴被称为零轴），其次是观察乖离率的摆幅，乖离率的摆幅就是乖离率向上或者是向下偏离乖离率中轴的幅度。然后通过观察摆幅的大小，来判断指标所对应的股价位置的高低。通常的情况下，乖离率在中轴附近是没有参考价值的。乖离率指标最大的参考价值在于该指标偏离中轴的幅度较大，即向上或者向下远离了中轴，此时意味着对应的股价已经进入到阶段性的筑顶时期（即向上远离了中轴）或者阶段性的筑底时期（即向下远离了中轴）。

三、乖离率在逃顶方面的应用技巧

在了解了乖离率指标的基本原理之后，我们可以利用乖离率指标来逃顶。逃顶的应用步骤和应用技巧如下：

第一步：找到上次股价出现高点时对应的乖离率指标的高点，并把这个高点作为近期衡量乖离率指标最大摆动幅度的标准。

第二步：如果后期股价上涨，当乖离率指标接近上一步确认的最大摆动幅度时，即可认为指标到达了阶段性的顶部，那么此时指标所对应的股价也常被认为接近了短线上涨的高位。

第三步：当股价在阶段性的高位出现头部K线形态时，可以考虑将股票卖掉。

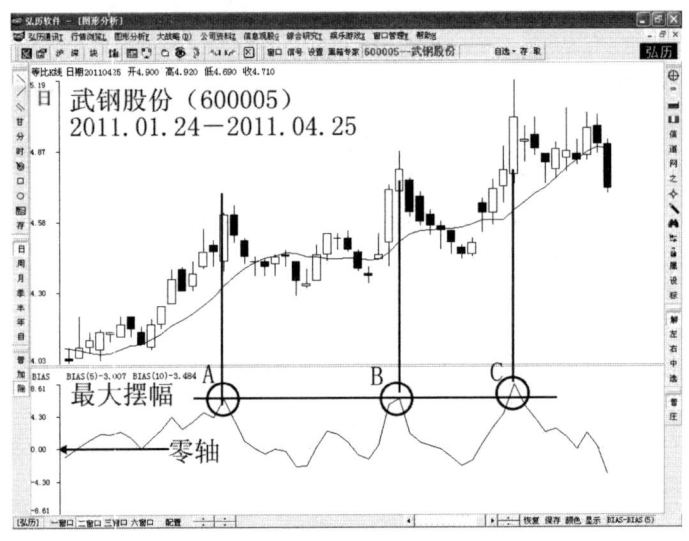

图 3.5-4

说明：上图为武钢股份（600005）自 2011 年 01 月 24 日至 2011 年 04 月 25 日的日 K 线走势图。

按照上面讲的三个操作步骤，我们可以进行如下的判断：

首先第一步：找到第一次股价高位对应的乖离率的最大摆幅 A，其次第二步：当乖离率的摆幅 B（及 C）再次在接近 A 这个位置时，就是说明乖离率在 B（或者 C）的摆幅大了，也同时说明在这个位置上对应的股价到了高位；再次第三步：当 B 对应的股价出现大阳线之后的小阳线，说明上涨的动能减弱了，择机可逢高卖掉股票；最后就是后面乖离率指标在 C 这个位置上，虽摆幅略高于 A，从乖离率指标上说，指标

第三章 顶部高抛的卖出技法

到了高位，因此，当 C 对应的股价出现短线相对高位长阳，且上影线比较长的时候，应当考虑逢高获利了结。

从长期趋势的角度看，虽然该股总体呈现的是上升趋势，但当乖离率指标每一次的摆幅达到高位时，股价都会出现短线的调整。因此，使用该指标作为卖出股票的参考时，重点侧重的是为短线卖出提供参考，而不是参考它作为中线逃顶的标准（若把该方法作为中线卖出的标准时，需要改用周 K 线或月 K 线，然后参考该方法即可）。其次需要注意的是，并不是指标到了高位就立刻卖掉股票，而是需要结合 K 线的头部形态寻找卖掉的时机。

图 3.5-5

说明：上图为凤凰光学（600071）自 2010 年 12 月 03 日至 2011 年 06 月 17 日的日 K 线走势图。图中使用的是 10 日乖离。

A 点是图形中第一次股价做头的位置。这个位置对应的乖离率指标的最大摆幅是 a（在实战中，可以忽略具体的 A 的数值，即股价的具体价位，重点需要关注的是位置，也就是说股价此时处于高位了。），当

 卖在顶部

后期乖离率指标到达 b、d、e 时，表明乖离率指标已经到了前期 a 附近的最大摆幅，在这种情况下，不管后期股价怎么表现，乖离率指标会向下走，也就说明无论后期股价如何表现，指标最终都会向下；或者说，乖离率指标到达高位后会选择向下，就意味着股价进入到短线的阶段性的高位。在这种情况下，当 K 线出现头部特征时（例如 B 对应的是高位长阳且出现长上影线；D 对应的是放量后的股价不能持续快速上涨，即滞涨；E 在前期平台压力位附近受阻），投资者该考虑逢高卖掉手中的股票了。

四、注意事项

1. 本节介绍的方法，因主要介绍的是短线的卖点（中线卖点首先是短线卖点，然后进一步演化为中线的卖点），所以乖离率的参数选择为 10，即选择的是 10 日的乖离率（因为 10 日均线属短期均线）。选择 10 日乖离的意思是衡量股价短线与 10 日均线的偏离幅度，当股价短线向上远离了 10 日乖离时，则意味着股价开始进入到短线的阶段性高位。

2. 我们在实战当中应用乖离率这个指标时，首先需要注意观察的是乖离率摆幅的大小。

很多书上在介绍乖离率指标的应用时，往往对乖离率的摆幅界定了一个固定的数值，比如说，当大盘的 10 日乖离达到 4 以上时，即大盘的 10 日乖离的摆幅在零轴以上达到 4 或者超过 4，就意味着大盘进入到一个阶段性的高位。实际上，因个股情况不同，或即便是相同的个股，如果所处的市场强弱不同，摆幅也会有不同，所以，固定的数值就显得较为死板，不能客观、准确地反应股价的位置。

因此，在实战中，摆幅的确定是否正确，是乖离指标能否被成功运用的关键。

第三章 顶部高抛的卖出技法

3. 投资者在比较摆幅的时候，要注意股价运行的情况，尽量做到使用相同的或者是相似的走势进行对比。这是在运用乖离率这个指标卖股票时，最重要的一点。

①快速上涨要跟前期的快速上涨的时候进行对比。

②缓慢上涨要跟前期缓慢上涨的时候进行对比。

③牛市要跟牛市对比，熊市要跟熊市对比，横盘要跟横盘对比。

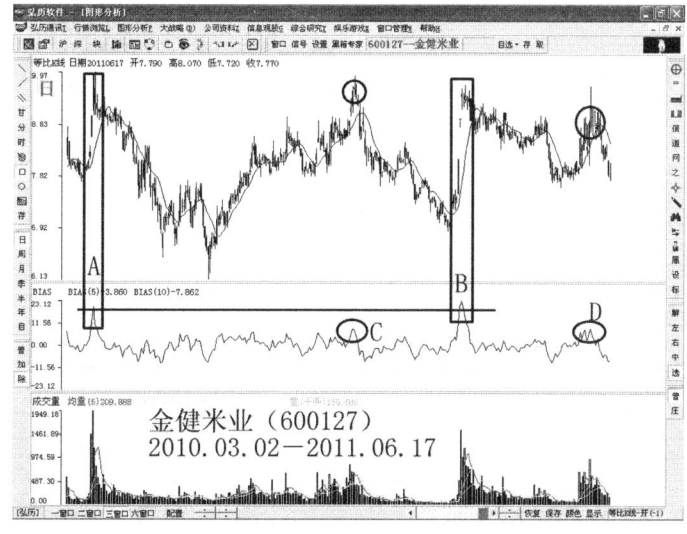

图 3.5-6

说明：上图为金健米业（600127）自 2010 年 03 月 02 日至 2011 年 06 月 17 日的日 K 线走势图。

上图中，乖离率 B 所对应的走势，属快速上涨，在这种情况下，我们要想研判股价是否到达阶段性的高位，需要注意寻找股价前期快速上涨的时候，例如乖离率 A 所对应的快速上涨时的走势，将这两种走势相同或者相似的情况下的乖离率的最大摆幅进行对比，因为这两次的上涨情况类似，因此，在这个时候，把这两种走势的乖离率进行对比，才是比较正确的对比方法。因 B 对应的股价的走势与 A 处对应的股价

 卖在顶部

走势相似，因此，当乖离率的摆幅 B 与前次乖离率最大摆幅 A 接近的时候，就可以判断是股价到达高位的时候，此时，需要我们择机逢高卖掉手中的股票，特别是当判断股价到达阶段性的高位之后 K 线出现缩量上涨或放量滞涨的形态时，必须要果断卖掉才可逃顶（比如 B 处对应的股价是涨停之后，虽放巨量但股价上涨的速度放缓，即是 K 线形态的顶部特征；我们一定要记住：K 线顶部形态特征加上乖离率高位，就要择机逢高抛售手中股票）。

同样的道理，上图中的乖离率 D 应该和 C 进行对比，而不应该跟 B 对比。因为，D 对应的股价上涨的速度是缓慢上涨，而不是像 B 对应的股价那样快速上涨。当 D 点对应的乖离率处于高位时（即跟 C 处的乖离率对比），出现 K 线的顶部形态（上图中 D 处的 K 线是巨量长上影的 K 线）时，逢高卖掉（当盘中出现冲高回落的走势时就是卖出时机）。

我再次强调，在实战中，当我们应用乖离率指标逃顶的时候，一定要注意的是：

1. 把相同或者相似走势情况下的乖离率进行对比（即涨得快的时候跟涨得快的时候对比；涨得慢的时候跟涨得慢的时候对比；10 日均线向下的时候股价出现的反弹高位的乖离率跟前期 10 日均线向下的对应的反弹的乖离率的高位对比），然后通过对比，首先判断乖离率指标是否处于高位，其次才能判断股价是否处于高位。

2. 在上面一步的前提下，然后只要 K 线同步出现顶部形态的特征（可参阅前面的第二章第一节"K 线识顶法"）我们即可卖掉手中的股票逃顶。

投资者只有按照上述两步来利用乖离率指标把握卖点，才是对乖离率指标的恰当应用。

第三章 顶部高抛的卖出技法

第六节 涨停的股票卖出技法

【适用范围】涨停的股票

对于涨停的股票，由于其上涨的速度过快，因此一旦出现短期调整，往往也是快速的调整，如果投资者不能及时地卖出股票，那么快速的下跌必定会导致利润快速缩水，但是涨停的股票往往又意味着股票的强势，股民往往会在贪婪与恐惧之间纠结，这种纠结的结果要么导致错失快速上涨的暴利，要么导致到手的利润转瞬即逝。

那么对于涨停的股票我们该如何处理才能既保住利润又能很好地回避下跌呢？在卖出方面究竟该采取什么策略呢？

1. 缩量连续涨停的股票，打开涨停后且放巨量，即可考虑卖出

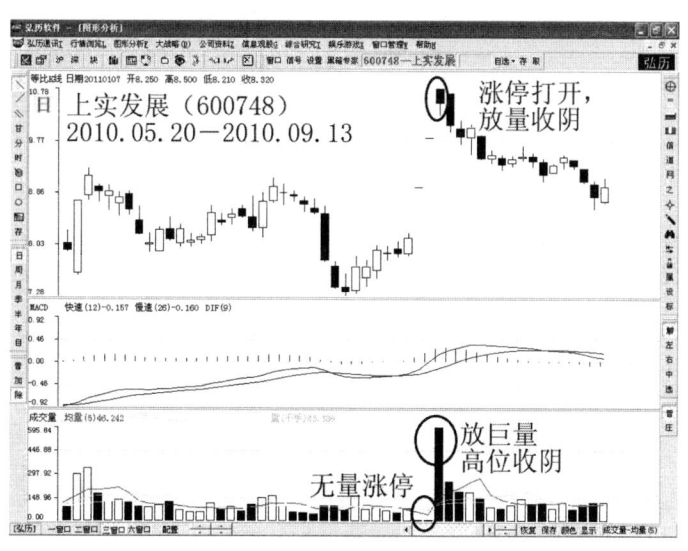

图 3.6-1

说明：上图为上实发展（600748）自 2010 年 05 月 20 日至 2010 年 09 月 13 日的日

K 线走势图。图中所示"无量涨停"对应的是该股于 08 月 17 日、08 月 18 日连续两日缩量"一"字强势涨停。08 月 19 日当天,该股高开低走,没有持续前期连续涨停的强势走势,且放出了近期的历史巨量,此时,可以在盘中或者临近尾盘时候,考虑卖出手中的股票,或于次日高开低走时候卖掉该股,以保护好到手的利润。

缩量涨停的股票,其实从另外一个角度上看,就是市场上的浮动筹码较少,股市上涨的过程中,筹码的锁定性较好。然而当涨停一旦被打开时,这些浮动筹码就会马上兑现短线的利润,充当了空方的帮凶。他们争先恐后卖股票的结果就是导致股价短线快速下跌。所以当你持有缩量涨停的股票时,一旦涨停打开,并且放出巨量,就要果断地卖出手中的股票。

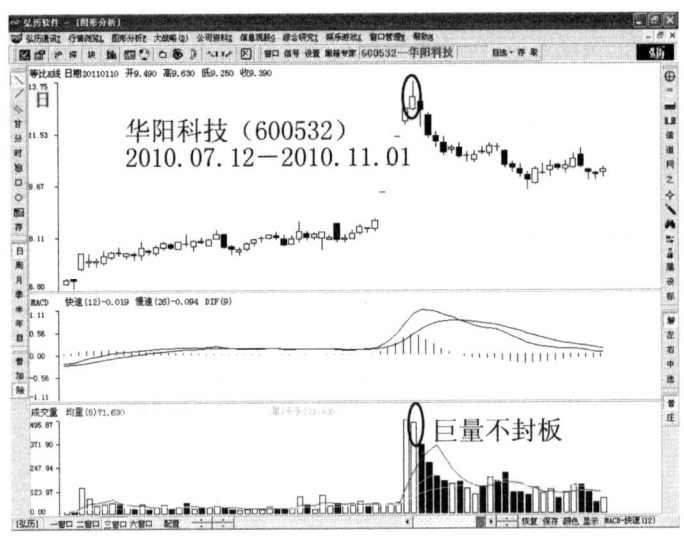

图 3.6-2

说明:上图为华阳科技(600532)自 2010 年 07 月 12 日至 2010 年 11 月 01 日的日 K 线走势图。图中所示巨量不封板的位置对应的股价出现在连续涨停之后,这是一个卖点。股价连续平量涨停之后,开始放出第一个历史巨量,此时股价仍封在涨停板上;但当第二个巨量出现时,股价并没有像第一个巨量一样封上涨停;从放量的角度上分

第三章 顶部高抛的卖出技法

析,这说明多方也在象上一个交易日一样努力,按照上一个交易日放量能涨停的逻辑上说,第二个巨量也应该封涨停,但股价并没有封涨停,这就说明多方已经失去了封涨停板的能力,那么也就意味着后期股价上涨的动能减弱了,因此,此时可以卖掉股票,兑现利润。

2. 在较大压力位附近封涨停板时,若盘口出现较大且较为集中的抛盘,且封涨停板不够坚决,或者涨停反复被打开,此时我们应该考虑减仓。

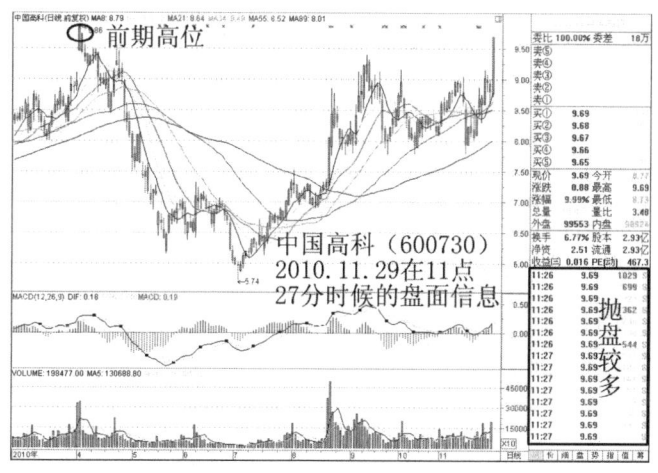

图 3.6-3

说明:上图为中国高科(600730)于 2010 年 11 月 29 日 11 点 27 分的盘口信息,该图形即我们前面讲过的图 2.2-2,当该股在目前的价位上封涨停的时候,即将接触到前期的高位压力,此时,虽有较大的买单挂在买一的价位上,但在成交区我们却看到了较为集中的抛盘,我们在此处盯盘时,重点需要关注的是股票能否顺利的较快地封住涨停板,如果封涨停较为吃力,即不能坚决快速地封住涨停或者是股价在涨停的价位上反复打开又封住,封住又打开,如此反复的话,就说明多方封板较为吃力或者是较为犹豫,在这种情况下,可在涨停的位置上适量的减仓,留下的仓位观察下一个交易日的走势,如果盘面上依然是抛单较大或者是多方不发力(即没有出现大买盘推动的股价上涨),即可将剩余的仓位卖掉。

卖在顶部

【注意事项】：

对于涨停的股票，投资者一定要结合涨停所发生的位置来综合判断是否有卖出的必要。

图 3.6-4

说明：上图为华英农业（002321）自 2010 年 06 月 22 日至 2011 年 02 月 21 日的日 K 线走势图。在这段时间内，该股一共出现过 4 次涨停的机会，分别见图中的 1、2、3、4 处。

图中的 1 处，该股出现第一个涨停，该涨停伴随着成交量的急剧放大，且出现了一个向上的跳空缺口，该涨停的出现，也同时导致了 KDJ 出现金叉，同时也意味着原来下降趋势的结束。从研判主力的角度上看，凡是能涨停的股票，都意味着该股存在着主力，只有主力资金才有能力将股价推升至涨停，且在涨停板上封住。对于一个刚突破下降趋势的涨停来说，意味着股价刚刚从底部启动，这样的涨停，即使后期不能连续出现涨停，从中线操作的思路上考虑，也不能轻易地卖出，否则，也许会卖在一个短线的高位，但更大的可能会损失一只黑马股票。在对待这种突破型的涨停股票时，只要后期股价不能跌破涨停 K 线（如果有超过两个以上的涨停时，以最后一个涨停的 K 线为标准；如果有多

第三章 顶部高抛的卖出技法

个连续的涨停,请参阅前面图3.6-1或图3.6-2处理),中线就不要轻易地卖出。

图中2处,在该股前面出现1处的涨停之后,股价虽然一直是震荡整理,但是,股价震荡过程中的重心却是上移的。因此,当出现2处的伴随着堆量放大的涨停(堆量放大意味着中期趋势向好),此时,KDJ也出现了金叉,这种情况下,就要结合股价所处的位置,具体位置具体对待,如果出现一个放量的涨停之后,股价尽管没有出现连续的涨停,但只要后期没有跌破涨停K线(或者涨停K线的一半)也不必急于卖出,可多观察几日(主要是看股价是否能在涨停K线的上方运行)再做定夺。

图中3处,股价经过短线快速的上涨之后,出现了涨停。此时,按照前面通道预测法中讲过的(该股已经接近翻倍通道的上轨),可以判断该股已经涨到了一个阶段性的高位,且基本上完成了按照通道预测法测算的上涨目标位,在这种情况下,一旦涨停之后股价出现冲高回落,不能再次出现强势上涨的时候,即可卖掉该股。如果此时出现了本节开头图3.6-1、图3.6-2或者是3.6-3的走势,更要果断地将股票卖掉。

图中4处,该股出现连续2个涨停,第二个涨停即图中4处,此时,股价遇到了图中所画的轨道线压力,且KDJ的J指标也到达了该指标的历史峰值,短线来说,当股价不能再次涨停时,即可以考虑卖出股票。如果没能及时卖出股票的,那么在后期的走势中,就要以第二个涨停K线与第一个涨停K线之间的跳空缺口作为支撑,按照图中的走势来看,在缺口的支撑显示有效(即股价始终运行在缺口的上方)的情况下,可以持股多观察几日,只要继续确认支撑有效,就可以继续持股,如果跌破了支撑的话,就要考虑卖出了。

对于涨停的股票,没有实战经验的股民其实很难卖到一个理想的价位。这里面除了技术方面的原因之外,更深层次的原因是因为心态的问

题,尤其是新股民,往往因不会独立分析导致不能提前对股票的走势进行分析,不能提前寻找到股价下一步运行过程中的压力与支撑,不能事先运筹帷幄,从而就会在股价上涨的时候盲目地乐观,在股价下跌的时候又会过分的恐惧,缺乏相应地对策,因此错失卖出的良好时机。

持有的股票涨停,是一件很让人兴奋的事儿,能将涨停的股票卖在一个理想的价位是一件很完美的事儿。如何能将涨停的股票卖到一个理想的价位,首先要看股票出现涨停时,股价整体所处的位置,这一点很重要。

【注意事项】:对于涨停的股票,要想卖的漂亮,在卖出方面要根据以下原则:

1. 股票涨停的同时需要观察同期大盘的强弱。

大盘强的时候,股票连续涨几个停板都有可能;大盘如果较弱,股票很有可能涨一个停板就出现调整。初学者可以看看你的股票涨停时,在它之前的几天连续涨停的股票多不多,如果多,则可以多留几日看看,如果非常少,则要随时保持警惕。

2. 观察股票涨停时所处的位置。

除了极个别的主力严重控盘的个股之外,要想判断涨停的股票是否应该卖出,一定要结合涨停的位置来进行分析,像前面图3.6-4中的1处,发生在突破的位置上的涨停,在大盘强势的时候,不但不是卖出时机,反而应该是后期择机介入股票的时机。我们应当注意的是,个股突破的方式不同,有的是突破了形态的颈线,有的是突破下降趋势线,如果股票是以涨停的方式突破,且同期大盘不是明显的下降通道,即使涨停突破后不能够再继续涨停,而是立即进入到缩量整理的状态,此时,不要轻易地卖出,从稳健的角度上说,我们可以利用突破时的颈线作为最后的止损位;

如果股票在压力位的下方涨停时出现较大的抛盘,像图3.6-3一样，此时我们可以将股票逢高卖掉。

如果股票涨停是发生在加速上涨的后期，且同期指标出现了顶背离或者是量价背离的阶段，如前面图形 3.6-4 中的 3 处，则要逢高卖掉手中的股票。

3. 涨停的股票需要注意成交量的变化。

对于涨停的股票，我们要密切关注成交量的变化情况，如果出现前面 3.6-1 和 3.6-2 中所讲的情况，便可以将股票卖掉，但如果是涨停之后进行缩量整理的股票，可以按照突破时的颈线或者是趋势线作为最终的止赢位或者止损位。实在是拿不定主意股民，可以用第一个涨停的 K 线的一半最为止赢（仅有一个涨停时），或者最后一个涨停（两个以上的涨停时）的一半做为止赢。

第七节 大盘呈鳄鱼嘴形态时卖出技法

【适用范围】：该方法只适用于判断大盘的阶段性头部，不适合个股头部的判断。

【应用技巧】：当大盘出现鳄鱼嘴时的走势时，意味着大盘形成顶部，个股必将受到大盘的影响，从而绝大多数股票也形成顶部。所以，当大盘出现鳄鱼嘴的走势时，凡是跟大盘涨跌节奏关联密切的个股必须马上清仓。

鳄鱼，是攻击性很强的一种动物。鳄鱼的性情非常凶猛，被鳄鱼咬着的人，非死即残。股市中有一种走势，一旦出现，我们必须迅速逃命，刻不容缓，否则的话，其结果就好像是被鳄鱼咬着的结果一样。

鳄鱼张嘴在股市中每次出现后，尤其是出现在累计涨幅过大之后，大盘在绝大多数情况下都会随即发生高台跳水。这个技巧并非是我发现的，但是，在实战当中这个技巧被很多具有丰富实战经验的老股民拿来逃顶，因此，我将这个方法也总结在我的书里，也好让那些没有实战经验的股民多学一些有实战价值的逃顶技巧。

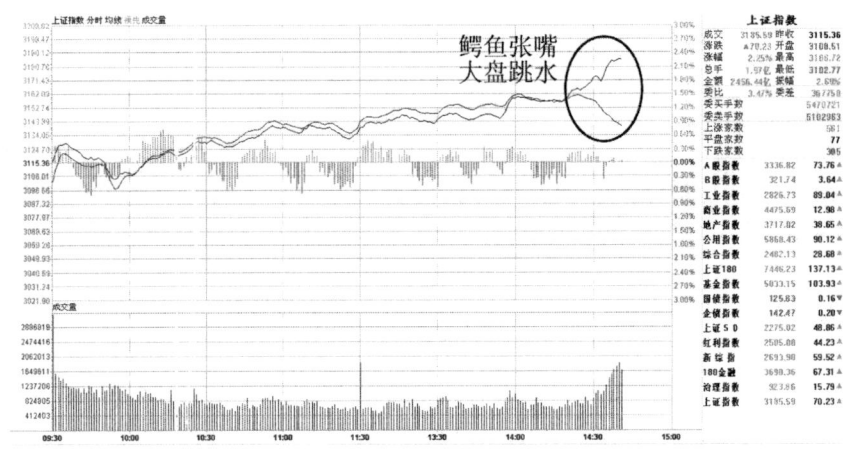

图 3.7-1

说明：上图为沪市综合指数 2010 年 11 月 11 日的盘中走势，图中黄色线代表的是小盘股的走势，白色线代表的是大盘股的走势。通常的情况下，我们所说的大盘的点数即指白色线所代表的点数。（因为受到著书使用图片的规格的限制，图中两条线的颜色分辨不是很清楚，读到这里的时候，请大家在自己使用的股票软件中，查找出 2010 年 11 月 11 日当天的分时走势，然后对照学习。）

鳄鱼张嘴的走势就是上图所示的大盘的走势，即代表大盘股走势的白色线向上走，而代表小盘股走势的黄色线此时却向下走，明显地在同一时间跟大盘股走出了相反的走势，白色线和黄色线之间的距离迅速加大，从形状上看，好像是一只大鳄鱼张开了血盆大口，因此，这种走势被形象地称为"鳄鱼张嘴"。

当大盘出现鳄鱼张嘴的走势时，就可以判断这个位置是高位。上面大盘的当天走势就是发生在累计涨幅过高之后，请看下图：

第三章 顶部高抛的卖出技法

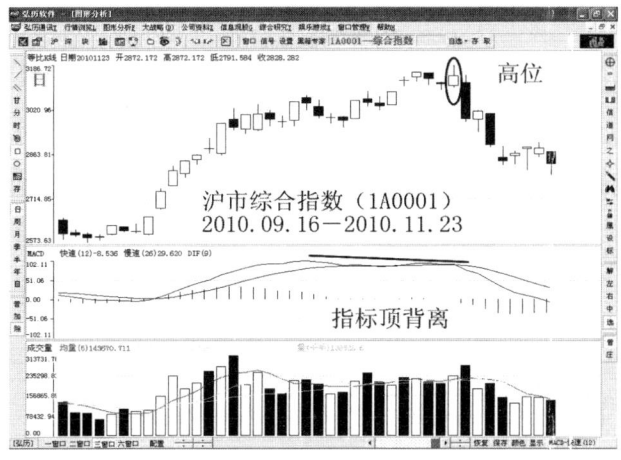

图 3.7-2

说明：上图为沪市综合指数（1A0001）自2010年09月16日至2010年11月23日的日K线走势图。图中圈定的那一天即2010年11月11日，也就是图3.7-1中标注的那一天。

当天股价创新高时，MACD指标已经明显地显示顶背离，因此可以判断大盘当时处于高位。所以，当盘中出现鳄鱼张嘴的走势时，就必须马上把股票卖掉，否则，随后大盘开始跳水，会立即让你的市值缩水。如下图：

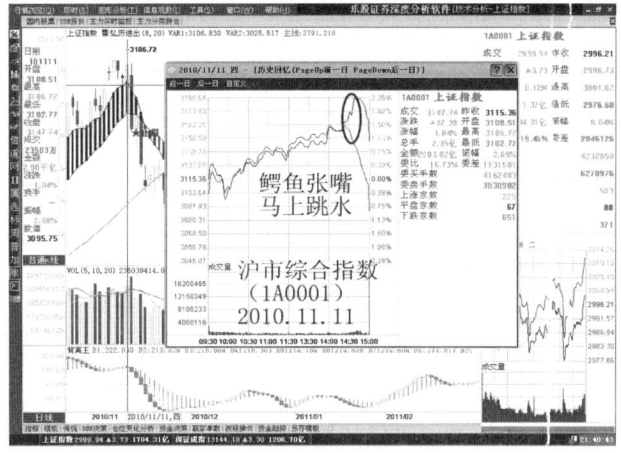

图 3.7-3

卖在顶部

说明：上图中的小图是 2010 年 11 月 11 日的分时走势图，当出现鳄鱼张嘴的走势后，大盘迅速跳水，并且，在日 K 线上，这一天成为后期的一个明显的阶段性的中短期高位，自此以后，大盘下跌了 15%，如果不能在出现鳄鱼张嘴的时候卖掉手中的股票的话，后期起码损失了两次机会，一次是高位逃顶的机会，一次是跌到低位之后再次抄底的机会。如果大盘再次涨到这个位置的话，其实你的实际损失将远远超过 15%，比如说，这个位置你持有的股票是 20 元的话，假设这个股票涨跌跟大盘同步，那么大盘跌 15%，也就意味着你的股票跌 15%，跌到 17 元；当后期大盘再次涨到这个位置，也就说这个股票再次将从 17 元涨到 20 元的话，涨幅会超过 17%，这个幅度是大于下跌幅度的；如果你持股不动的话，等于你的市值恢复到原来的 20 块钱一股，但如果你高抛低吸做个差价的话，起码你的利润能增加很多，就算跌下来你抄不到最低点，也总比你高位持股被动地等待解套要强得多，最起码地也能增加你的操作信心。

之所以股市出现鳄鱼张嘴时大盘股在小盘股上方的原因是大盘股掩护小盘股出货较为容易，但反过来，小盘股掩护大盘股出货难度将会大很多，因为，大盘股如果出货的话，大盘下跌的概率较大，单纯地靠小盘股支撑大盘，几乎是支撑不住的。所以，当你在以后的实战当中，发现大盘出现鳄鱼张嘴的走势时候，就要迅速地卖掉手中的股票，以回避后期快速下跌给你带来的损失。

第八节　高抛注意事项

本书的这一章节主要介绍了几种高抛的方法，每一种方法都有其应用的范围和前提，这是读者在学习的过程中需要注意的要点。

另外，在具体实际操作的过程当中，投资者高抛时应当注意以下事项：

第三章 顶部高抛的卖出技法

一、关注大盘是否出现顶部迹象

大盘的风险是系统性风险，如果大盘出现头部特征，也就意味着个股会随时出现卖点。

1. 衡量大盘短线风险主要依据的是技术分析；技术分析的方法可以参考本章节所讲述的内容。

2. 衡量大盘中线风险主要依据的是政策，其次是辅助结合技术走势进行判断。当大盘累计一定幅度的上涨之后，出现利空政策且中线上涨的目标接近了预期的上涨幅度，特别是需要结合引发大盘中线走强的板块进行综合分析，如果领涨的板块或者个股出现中期筑顶的迹象，且大盘出现利空，或者是遇到利好不涨反跌，即可认定大盘出现中线风险。中线技术分析的方法可以参考本书中第二章中的第六节中所讲的内容。

二、在关注大盘的同时关注个股是否出现顶部迹象

大盘是一个大的投资或者投机环境，个股就是我们具体的操作对象，我们要想做到在相对的高位卖掉股票，必须要有一个系统的逃顶思路；而且这个操作思路必须要清晰；然后在逃顶思路的指导下，选择合适的操作方法，这里所说的"合适"指的是按照个股的规律，或者说是视个人所掌握的逃顶方法而定。

1. 上涨的时候要学会判断上涨的目标或压力。

只有未雨绸缪，才能在风险来临之际全身而退。因此，想要高抛，就必须要首先学会本书中所讲的寻找压力的方法和上涨目标估算的方法。

2. 随时关注股价是否出现顶部的特征

股票不一定全部都会上涨到你所估算的上涨目标，有的可能会超过

 卖在顶部

预期，有的可能还不到预期，但当出现头部特征时（结合本书所讲的识别顶部的方法），就要增强风险意识。

3. 我们必须要清楚卖掉股票的目的是为了回避短线风险还是为了回避中线风险。

按照股民的操作风格来说，短线投机者不能参与调整，而中线投资者可以无须回避短线的调整。如果你仅仅是为了回避短线的风险，那么短线的头部卖掉之后，最好不要换股，而是必须要择机低位再买回来；但当我们决定中线卖掉之后，因为中线调整的时间较长或者中线调整的幅度较大，因此我们必须要有足够的空仓的时间，耐心等待，或者是换股操作。只有做到这一点，我们才能在充分利用时间的前提下，提高资金的周转效率。

如果是短线的卖出，我们可以使用日线的走势作为基础的分析图表，然后首先按照本书讲的测顶的方法进行目标的估算或者是按照顶部识别的方法识别头部，最终在30分钟或者是60分钟的K线图表中按照本书所讲的逃顶方法选择卖出。

如果是中期的卖出，我们可以使用周线的走势图作为基础的分析图表，然后按照本书所讲的方法进行分析，最终在日K线上的按照本书所讲的方法选择卖点。

4. 卖出要果断

投资者一旦确定顶部之后，卖出必须要果断，不能因拖泥带水而贻误卖出时机。卖错了没关系，手中有资金，还可以继续寻找机会；但如果因为不卖而犯错，将会让自己的操作变得很被动。

三、克服卖最高的想法

高抛指的是卖在头部区域，不是指卖在最高点。实战中当你一旦贪恋最高价的时候，往往会影响自己的理性判断。所以，逃顶的原则是不

第三章 顶部高抛的卖出技法

追求卖在最高点，但要及时把握住股价的高价区域或者是次高位。

高抛股票的目的是为了使得利润最大化，或者从另一个角度上说，是为了回避股价后期的下跌。在实战当中，尽量把股票卖的高一点是每一位股民的想法。但是操作难度较大的主要原因是操作思路的问题，其次才是操作方法的问题。所以，高抛要注意的事项中，首先需要注意的是建立一个逻辑思维，其次在逻辑思维的基础上，去选择合适的方法。逻辑思维指的是投资者必须要具备明确的逃顶思路。高抛的思路分为三步，即首先是上涨目标的预期，然后是顶部特征的识别，最后是按照相应的方法卖出。如果初学者还不能掌握上涨目标的估算方法，起码要学会顶部特征的识别。股票在出现卖点之前，一定会出现一些筑顶的迹象或者是筑顶的特征，比如说指标的顶背离，比如说量价背离，等等。不会计算没关系，但当顶部出现的时候，必须要认识，也就是说，无论怎样，你都必须要学会认识股票的顶部。

另外，本书中所讲的逃顶方法主要是侧重于短线的高抛方法（如果你参考这些方法去回避中线风险的话，可以把本书中使用的图表周期加大，比如日线改为周线），因为，无论是中线还是短线的卖点，首先是对于短线头部的判断，即便是一个中期的头部，它也首先满足短期头部的一些特征；其次，一个中期头部往往由两个以上的短期头部构成。因中期头部在构筑的过程中需要时间（中期头部是因为主力减仓或者出货导致的，这对于主力来说，出货需要时间，因此，中期头部的时间比较长），并且，中线头部都是由短线头部构成，因此，短线逃顶讲究的是快，中期逃顶讲究的是稳；短期头部逃的是一个点（其实也是一个区域，只不过价格区域很窄），中期头部逃的是一个区域（相比短线的价格区域要宽）。

总之，只有在综合考虑了上述因素的前提下，我们才能把握好一个较为理想的高抛时机。

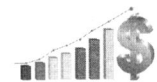

第四章　顶部调整杀跌的卖出技法

从卖出股票的目的来说，卖股票是为了回避股票后期的下跌。从卖股票采用的手段来说，卖股票的手段主要有两种，一种是主动卖，即高抛；高抛是为了止赢，保护已经到手的利润；一个是被动卖，即杀跌；杀跌是为了防止亏损继续扩大或者说防止账面的市值继续缩水，也叫止损。止损的意义在于保护账面的现有资金，它的意义实际上要大于止赢，因为投资者只有学会保护手中的现有资金，将来才能够把每一次赚到手的钱留住不再返还给市场，也才能最终摆脱从被套到解套、然后又从解套到被套的厄运。

 卖在顶部

第一节 均线卖出技法

【应用范围】：本节所讲的方法适用于均线趋势较为明显的个股。那些均线趋势横向移动，且股价与均线反复缠绕的个股不适用。

【应用前提】：本节内容首先借助了葛兰比的均线卖出法则。在此基础上，辅助了其他的技术指标，其目的是为了让葛兰比均线卖出法则中的卖点更具有实战操作性且可以提高其准确概率。

均线分析法作为传统的技术分析被广大投资者广泛运用在炒股的选股、买进和卖出领域。在买卖时机的把握上，葛兰比八大法则（分为四个买进法则和四个卖出法则）因其较为简单直观，所以受到很多技术分析人士的喜爱。葛兰比八大法则中的四个卖出法则的大意是：

1. 均线由上升到走平之后转为下降，股价从上向下穿越均线，是卖出时机。

2. 均线向下时，股价瞬间向上穿越股价之后，再次回到均线的下方，是卖出时机。

3. 均线向下时，股价在均线的下方出现反弹，当触及均线转而向下的时候，是卖出时机。

4. 均线向上时，股价在均线上方出现快速上涨，远离了均线之后，是卖出时机。

第四章 顶部调整杀跌的卖出技法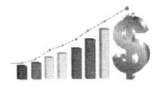

图 4.1-1

说明：上图为东风科技（600081）自 2011 年 01 月 14 日至 2011 年 07 月 18 日的日 K 线走势图。图中使用的是 13 日均线。

按照上图的走势，我们来解释一下上面的四大卖出时机。

1. 上图中的 B 点，即股价跌破了 13 日均线，在跌破均线之前的 13 日均线已经由上升到走平，且股价前一天出现放量下跌，因此，B 点是葛兰比卖出法则中的第一个卖点。

使用这个方法卖出的时候，需要注意的是假如股价跌破均线之前出现过技术指标的顶背离，那么跌破均线之后，下跌的概率更大。

2. 上图中的 C 点也是一个卖点，即股价由下向上穿越 13 日均线，当穿越失败，股价再次跌回到均线下方之后，此时均线依然向下，卖点出现。

在实战中，如果股价向上穿越均线，但均线向下时，要参考成交量，如果成交量过大，或者萎缩，都是阶段性高位的征兆。参考这个卖点时，要想提高成功概率，需要结合成交量进行研判，因为，股价向上穿越均线,这是短线上涨的趋势,但如果此时的量价配合是上涨缩量,表明上升缺乏持续性,股价就会随时回落,因此卖点会随时出现。如果成交量巨大,那么从逻辑推理的角度上说,放量突破之后的正常走势应该会持续上涨,因此,如果放量之后股价回落到均线下方,表明上涨的动能虽然增加但依然改变不了下降的均线对股价的引力作用,因此,也要选择卖出。

3. 在上图中的 D 点,即股价反弹至 13 日均线附近遇阻回落时,因为 13 日均线依然向下,因此,这也是一个卖点。股价反弹至均线附近回落,说明均线的阻力是有效的,因此要选择卖出。

4. 对于上图中的 A 点来说,虽股价创新高的同时对应的成交量相比前期的堆量明显放大,但乖离率顶背离,这是顶部的特征。因为按照正常的逻辑,量能加大,乖离率的摆幅应当加大,但该位置在量能的推动下,乖离率都没有出现比上一次大的摆幅(说明遇到了比较大的阻力),因此这是顶部的特征。(该位置的卖点测算可以参考第一章第五节的内容"均线测顶法")。所以,按照对称来说,当 A 处的上涨目标接近 E 点之前的上涨幅度后开始出现头部特征时,可择机逢高卖出手中的股票。

这个卖点在实战中是最难把握的,但如果结合乖离率指标(请参阅前面章节关于乖离率的使用技巧)的话,就可以降低难度。

在上述四个卖点当中,第四个卖点是用来选择高抛的卖点,其他三个卖点则是用来杀跌的卖点。

葛兰比的均线卖出法则只是粗线条地阐述了股票的卖出时机,在实战中,要想让它变得有实战参考价值并提高其准确程度,则需要结合其他技术指标综合地加以运用。关于高抛,本书前面的章节已经讲过了,所以,上述卖出法则中的第四个卖出法则本章节将不再赘述,本章节主要讲的是如何杀跌。

第四章 顶部调整杀跌的卖出技法

【实战案例】：

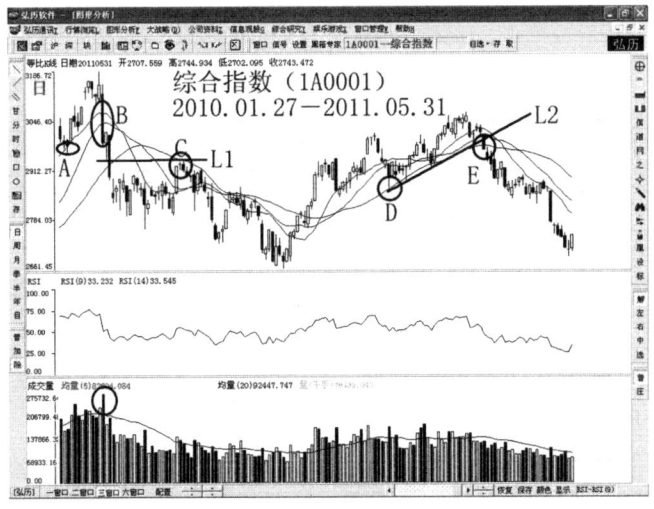

图 4.1-2

说明：上图为沪市综合指数（1A0001）自 2010 年 01 月 27 日至 2011 年 05 月 31 日的日 K 线走势图。图中使用的均线组合为 13 日、21 日和 34 日均线。

1. 上图中的 B 点，一根放量的大阴线，同时击穿了 13 日和 21 日均线，这种 K 线俗称"断头铡刀"，这是一个卖出时机。尤其是这样的 K 线出现在相对高位之后，一旦随后均线也跟着转为向下运行时，必须要杀跌。

首先，B 点的大阴线表明股价已经是从高位跌了下来，这表明短期的上升趋势有了危险。其次，通过前期 A 点的走势，可以确认 13 日均线是最近短期一个比较有效的支撑（A 点回踩了 13 日均线之后重新恢复上涨，这就是确认），因经过确认的均线的参考价值较高，并且由于是一根带量下跌的 K 线跌破了有效的支撑，这属于市场的主动性下跌，因此，这样的下跌是一个确认有效的下跌，意味着后期还会确切地下跌，此时必须要择机卖掉股票。虽然 B 点跟以前相比股价是低了，但因为后期确定还会跌，所以，针对后期来说，这个位置也是高位，因此，根据卖股票的目的来说，卖股票是为了回避后期的下跌，即 B 点出现，必须卖掉杀跌。

不过，在出现这样的特征时，究竟是收盘时卖出还是选择第二天卖出，这个其实已经不重要了，重要的是必须要卖掉，千万不要因小失大。实战中，经常有人在这种情况下，明明知道要卖出，但为了多卖那么几分钱而错过了一个大好的杀跌时机，最终导致深套。

同样的道理，上图中的 E 点，也是一个标准的杀跌卖出点。

这是因为该位置的 34 日均线与前期上升趋势线 L2 重合，说明这条均线是股价在前期运行过程中的生命线（且 34 日均线在 D 点得到过确认），一旦被有效击穿，便确切地确认了下降趋势的开始，若投资者没有及时在前期高位逃顶的话，为了回避后期的下跌，在该位置也要及时的进行杀跌。

继续再看一个案例：

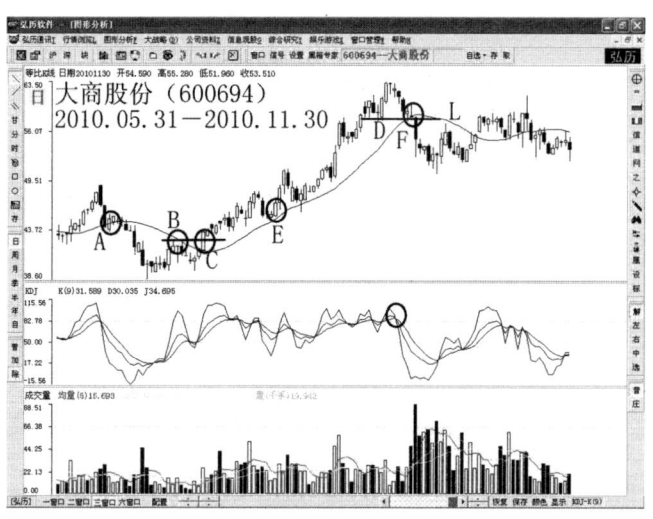

图 4.1-3

说明：上图为大商股份（600694）自 2010 年 05 月 31 日至 2010 年 11 月 30 日的日 K 线走势图。图中使用的均线是 20 日均线。

第四章 顶部调整杀跌的卖出技法

上图中的 F 点，跌破了 20 日均线的同时，也跌破了由前期 D 点形成的水平趋势线 L，并且，此时，KDJ 已经经过前期钝化形成高位死叉后，呈现明确的下降趋势。这意味着股价自前期 C 点开始的上升趋势已经结束，因此，这个位置上，必须要杀跌，以回避股价后期的下跌。

2. 在图 4.1-2 中的 C 点是一个长期下跌的股票中途反弹结束的卖点。

此时，虽然 13 日均线向上，但 34 日均线是向下的。综合这两条均线的方向来看，说明该位置股票的上升性质是：短期属于上升趋势，但中短期来说，还是下降趋势（实战中，一定要根据均线不同的时间周期明确股票不同的趋势级别）。因此，从中短期的角度上考虑，此时上升的性质仅仅是反弹。

当股价反弹至 34 日均线附近再次回落，说明 34 日均线对股价发挥了有效的压力作用，并且，该位置的 34 日均线的压力与前期自 A 点所做的水平趋势线 L1 的压力在此位置上重合，意味着该位置形成确切有效的压力概率较大，股价在这个位置上遇阻回落，验证了这个位置的压力，同时也说明短线上升趋势结束，且中短期依然是下降趋势，股价后期还是会以下跌为主，所以，当 C 点出现时，投资者要卖掉股票以回避后期的下跌。

3. 前面图 4.1-1 中讲过的 C 点出现后必须要杀跌。

这是一个很容易出现失误的地方。之所以会出现失误，是因为当股价向上突破均线之后，大家会期望股价涨得更高，幻想这是一次较大规模的上升行情。但是如果股价上穿了均线之后，均线不能很快地向上拐头，或者依然持续向下，并且，明显地看到股票突破之后成交量萎缩，再次萎缩至 20 日均量线的下方，说明这个上冲就结束了。

成交量的辅助验证可以提高这个位置操作的成功概率。

【注意事项】:

1. 在实战中，均线的参数有多种，比较重要的那一条均线是跟趋势线重合的均线（如图 4.1-2 中与趋势线 L2 重合的那条均线和图 4.1-3 中的 F 点附近的那条均线），或者是压力、支撑曾经被验证过的那条均线（如图 4.1-3 被 E 点验证过支撑有效的那条均线）。

一旦是比较重要的均线被跌破，就是一个有效的杀跌点。

2. 均线黏合的地方，一旦被跌破了，或者是向上穿越失败之后，属确切的杀跌信号。

3. 均线死叉也可以作为杀跌的一个判断依据，但要综合其他的指标进行研判。

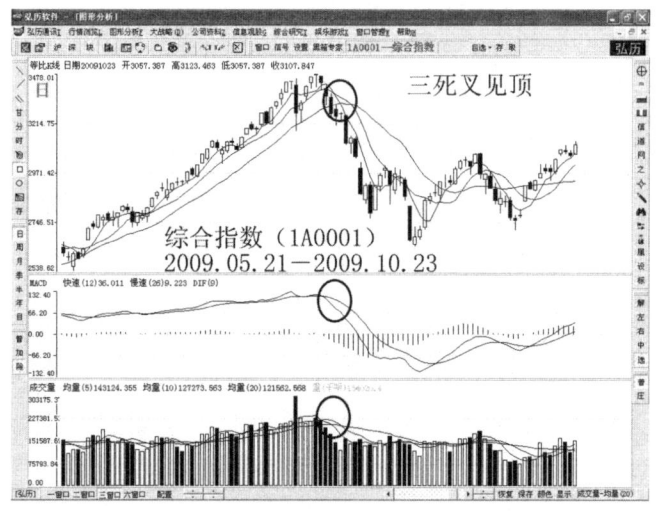

图 4.1-4

说明：上图为沪市综合指数（1A0001）自 2009 年 05 月 21 日至 2009 年 10 月 23 日的日 K 线走势图。股指于 2009 年 08 月 10 日出现"三死叉见顶"信号（5 日均线死叉 10 日均线，且 MACD 死叉、同时 5 日均量线死叉 10 日均量线，是"三死叉"见顶信号）之后，股价形成中期顶部。投资者如果按照当时"三死叉"杀跌的话，可回避后期股价长时间的大幅下跌造成的损失。

第四章 顶部调整杀跌的卖出技法

（1）在使用该方法时，需要注意短期均线死叉时偏离长期均线的幅度有多大。如果在长期均线上方且偏离度过大时，短期均线发生死叉，则股价进入短期调整的概率较大；如果短期均线死叉时，偏离长期均线（必须方向向上）不远，则也可能是短期的买点；如果股价在长期均线下方且偏离度过大，此时短线均线发生死叉，则有可能出现超跌之后的反弹买点。

（2）周期较长的K线图上慎用较长周期均线的交叉

较长周期的K线图本身就是长期趋势了，如果此时再用较长周期的均线的死叉来操作，就等于放大了长期指标的滞后性的弱点，很有可能出现的是物极必反的反向操作点。比如在多数情况下，周线上较长时期的两条均线的金叉反倒会成为短线的卖点。

（3）注意相对短期均线死叉后所对应的相对长期均线的方向，如果相对短期均线死叉时，相对长期均线依然是向上的，那么，不但不是卖点，反而有可能是短线的买点。反之，如果相对长期的均线的方向向下，短期均线金叉长期均线时，反倒成为短线的卖点。

图 4.1-5

说明：上图为沪市综合指数（1A0001）自 2011 年 01 月 28 日至 2011 年 05 月 30 日的日 K 线走势图。图中使用的均线为 5 日、10 日、60 日和 120 日均线。

图中 A 和 B 点是 5 日均线向下穿越 10 日均线，属于短线均线死叉，由于这两个位置上的成交量总体呈现缩量调整的走势，且 60 日均线和 120 人均线都向上、股价上穿了 60 日均线又没多久，因此，这个位置上，不能把均线死叉当做是卖点对待，这种情况下的卖点成功概率不高。

图中自 a 至 b 的上升趋势中，乖离率呈现顶背离且成交量萎缩，量价出现了顶背离，是顶部特征，D 点虽然是 60 日均线向上穿越 120 均线，属均线金叉，但不能当做是买点对待，因为金叉前后位置的 C 点出现了 5 日均线死叉 10 日均线，且 120 日均线也开始向下转折，此时，对于初学者是很矛盾的，不知道该按照金叉操作还是按照死叉操作。这种情况的处理，要参考 120 均线的方向，因为它决定中期的方向，同时也要关注短期均线的方向，因为这代表的是短期趋势，从图形中看，C 点出现的位置，中短期的趋势都向下，所以，这是一个杀跌的卖出时机。

第二节　趋势线卖出技法

【应用范围】：可以运用在所有股票的杀跌方面，尤其擅长把握趋势明显的股票的杀跌卖点。

【应用前提】：当股价有效地跌破上升趋势线时，必须杀跌，以回避后期的继续下跌。

上升趋势线对于上升趋势的股票来说，属于支撑，起着约束股价

第四章 顶部调整杀跌的卖出技法

上升的作用，一旦上升趋势线被有效地向下击穿，就意味着上升趋势结束，开始了下降趋势。因此，当股价有效跌破上升趋势线时，必须要杀跌。

【实战案例】：

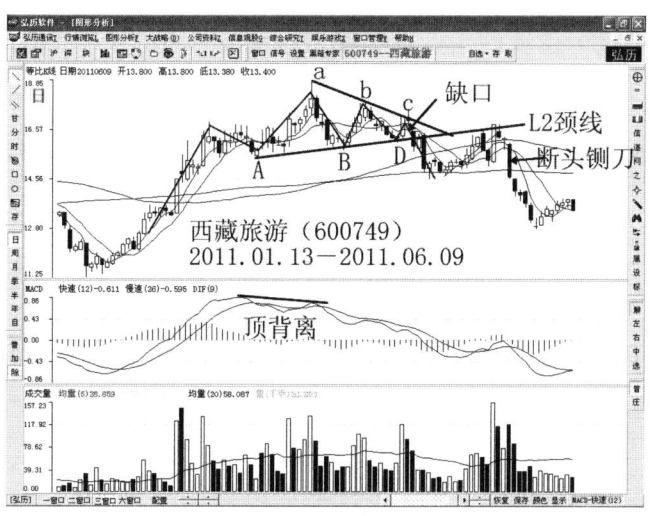

图 4.2-1

说明：上图为西藏旅游（600749）自 2011 年 01 月 13 日至 2011 年 06 月 09 日的日 K 线走势图。

上图中依次出现的技术杀跌卖点为：

1. 连结相邻的高点 a 和 b 得到一条趋势线，c 点在触及该条趋势线之后，股价出现回落，并随之出现向下的跳空缺口，这是一个杀跌的位置。

2. 如果没有即时杀跌，当股价后期跌破了连结 A 和 B 点的趋势线 L2 之后，表明前期的上升趋势彻底结束，股价确认进入一个下降趋势，所以这个位置也是一个杀跌的位置。

3. 后来股价反弹，当反弹受到 L2 的压制后，虽瞬间向上穿越过

L2,但是,随后出现的断头铡刀 K 线形态,说明股价反弹结束,依然延续了下降趋势,因此这个位置也是杀跌的位置。

上图中,c 点之后的下跌,股价跌破了由 a、b、c 和 A、B、D 点构筑的三角形收敛形态,宣告自 A 点之前开始构筑的头肩顶形态确立。因此,从中期角度上说,断头铡刀的位置是最后一个杀跌的位置,错过了这个位置的卖点,将使自己的操作变得非常被动。

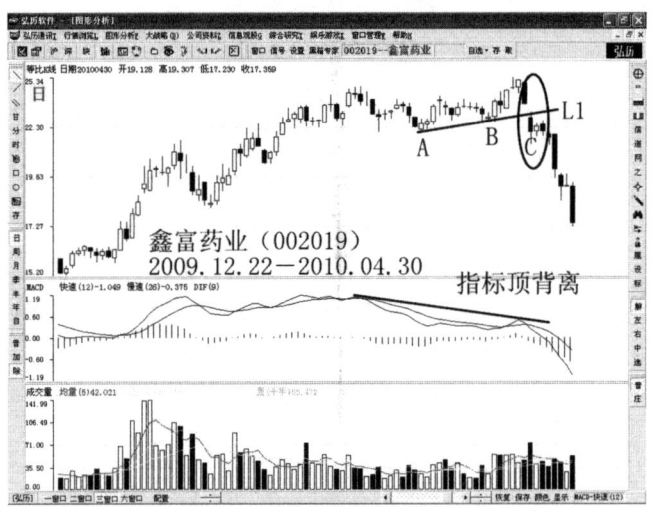

图 4.2-2

说明:上图为鑫富药业(002019)自 2009 年 12 月 22 日至 2010 年 04 月 30 日的日 K 线走势图。

连结股价运行过程中波段的最低点 A 和 B,得到趋势线 L1。股价自 B 点之后的上升虽然创了新高,但是 MACD 指标显示顶背离,说明这个位置上已经开始积累风险,当 C 点以跳空低开的方式跌破了上升趋势线 L1 之后,意味着股价上升的趋势确认结束,因此,C 点即是一个杀跌的位置。

第四章 顶部调整杀跌的卖出技法

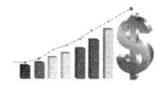

图 4.2-3

说明：上图为综合指数（1A0001）自 2009 年 03 月 27 日至 2011 年 07 月 22 日的周 K 线走势图。

连结图中 A 和 B 对应的股价的最高点（如果 A 和 B 间隔的时间较短，连结最高点；如果 A 和 B 间隔的时间较长，可以连结收盘价或者 K 线实体部分，以求落在趋势线 L1 上的点较多），得到一条下降的趋势线 L1，股价上涨即将到达趋势线 L1 时，转而回落到 C 的位置后，在 C 位置上，跌破了上升趋势线 L2，此时，属中短线的杀跌时机。

这是因为 C 之前的高点并未触及上升趋势线 L1，说明股价上升的力度已经有减弱的迹象，C 点的出现，确认股价走弱了，当股价跌破 L2 之后，说明新一轮的下降趋势开始，因此，为了回避后期的下跌，要在 C 出现的时候及时杀跌。

【注意事项】：

1. 用趋势线把握杀跌卖点时，虽然比均线把握杀跌卖点的准确概率要高，但它会受到画线之人的画线水平的影响，容易受到人为主观因素的影响，不像均线那样客观。投资者在实际运用的时候，首先要确定自己本身掌握了一些画线的技巧，其次可以参考图4.1-2中的趋势线L2，即寻找那条和均线基本重合的趋势线作为操作的标准。

2. 关于选点画趋势线的问题。在实际使用的过程中，如果选择相邻两点之间的间隔时间较短（通常小于20个交易日以下）时，要选择最高或者是最低点（即影线）画趋势线；如果相邻两点之间的间隔时间较长，可以忽略影线，且要在对数K线上应用（也称等比K线），特别是经过市场验证的趋势线，可信度较高，例如前面图4.2-1中的D点是对趋势线L2的验证。

3. 本节内容主要体现的是下降趋势线和上升趋势线，二者在把握卖点方面的作用不同。下降趋势线的主要作用之一是把握下降趋势中反弹行情的主动杀跌卖点，例如前面实战案例图4.2-3中的L1和图4.2-1中的a和b的连线。而上升趋势线的主要作用之一是用来把握上升趋势结束之后的被动杀跌的卖出时机，例如图4.2-3中的L2和图4.2-2中的L1。

4. 本节的内容最好结合第三章中的第二节"通道卖出技法"一起学习。

5. 上升扇形线形成，股票必须要杀跌。

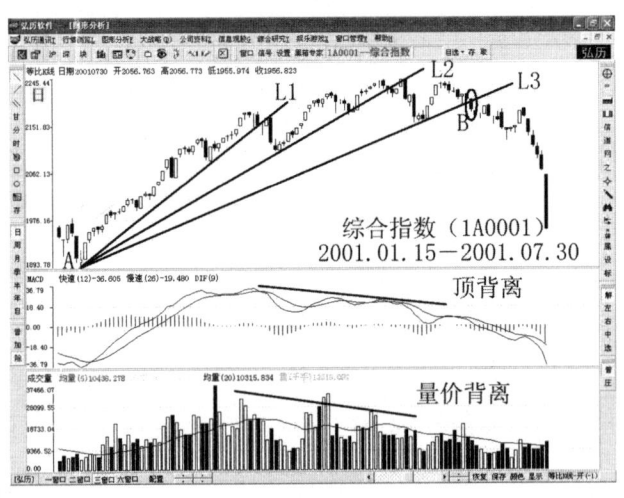

图4.2-4

第四章 顶部调整杀跌的卖出技法

说明：上图为沪市综合指数（1A0001）自 2001 年 01 月 15 日至 2001 年 07 月 30 日的日 K 线走势图。

L1 是股价在上升过程的第一条趋势线；当 L1 被跌破之后，股价并没有改变其中期的上升趋势，经过短暂调整之后随后产生第二条趋势线 L2，但股价在跌破 L2 之后，也没有改变原来的中期上升趋势，可是此时 MACD 和成交量已经出现了顶背离的提示，这意味着这个位置上风险在逐步积累。

当股价在 B 点跌破了第三条上升趋势线 L3 之后，此时，由 L1、L2 和 L3 三条上升趋势线构成上升扇形线，当股价跌破扇形线中最后一条上升趋势线即 L3 之后，则意味着上升趋势彻底结束，即 B 点构成最后的杀跌卖点。

这样的图形往往是由于主力高位震荡出货形成的，因此，最后跌破第三条趋势线也就意味着主力基本上达到高位出货这一目的，随之而来的将是快速下跌，牢牢套住高位接货的人。

第三节 技术指标卖出技法

【适用范围】：该方法普遍适用于个股，主要是为那些盘感较弱或是初学炒股的人提供一个可供明确执行的操作标准。

【应用方法】：股市中的指标有很多种，但在卖出方面比较常用的有以下几种：

卖在顶部

一、KDJ 指标卖出杀跌技巧

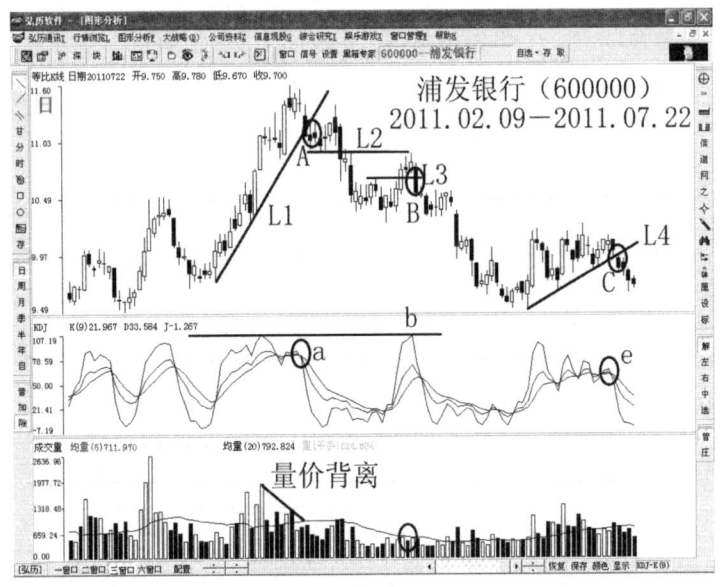

图 4.3-1

说明：上图为浦发银行（600000）自 2011 年 02 月 09 日至 2011 年 07 月 22 日的日 K 线走势图。

图中标注的 A、B、C 三点，分别是按照 KDJ 指标提示的三个杀跌的位置。

结合图中的标志，关于 KDJ 指标的杀跌卖出技巧说明如下：

1. A 点：股价在 A 之前已经出现量价背离的走势，本书前面的章节已经说过，这是风险积累的征兆。同时，KDJ 也已经出现了双背离，即 KD 和 J 都出现了顶背离的走势。当 KDJ 出现双背离后，一旦出现 KDJ 死叉（K 和 J 向下穿越 D），且 KD 也转势向下，如图中的 a 点所示，即可按照 KDJ 死叉卖出该股。

2. B 点：股价在 B 点的前几天出现了反弹，但反弹在遇到前期

第四章 顶部调整杀跌的卖出技法

阻力线L2后回落,且跌破了支撑线L3,(图中L2和L3的阻力和支撑来自于股价前期的高点或低点),此时,股价对应的KDJ中的J指标最大向上摆动幅度b也接近a之前的J的最高点,从成交量的情况来看,B点前面几天的反弹,成交量依然在20日均量线的下面,量价配置不符合价升量增,所以,当B点出现时,就是杀跌的时机。

3. C点:股价跌破了上升趋势线L4,且KD在死叉后趋势也转为向下,见图中的e点,此时,是杀跌时机。

【KDJ杀跌注意事项】

1. KDJ死叉是常规的卖出时机,但也会发生骗线,骗线通常发生在上升趋势中,所以,KDJ死叉时,要关注趋势的变化情况,要尊重趋势,只有当KD的趋势和股价的趋势都向下的情况发生时,才是比较有把握的杀跌时机,KDJ的死叉才有参考价值。

2. KDJ顶背离分为J的顶背离和KD的顶背离(参阅第二章"如何识别顶部"中第四节"顶背离识顶法"中关于KDJ的顶背离说明)。在下降趋势中,且没有成交量配合的情况下,KDJ的J向上摆幅到达前期J的高位附近后,且出现顶部K线,可作为杀跌的卖出时机,不需要等待KDJ死叉出现。

3. KDJ低位(KD在20以下)的死叉,特别是底背离之后的低位死叉,不能作为杀跌的技术卖点,相反有可能成为抄底的技术买点。

4. 如果周线刚发生KDJ死叉且KD趋势向下,此时当日线出现KDJ死叉时,是杀跌的时机。

5. KDJ死叉之后,KD趋势向下时,如果K反弹至D受压制再次向下或者金叉失败,是杀跌时机。

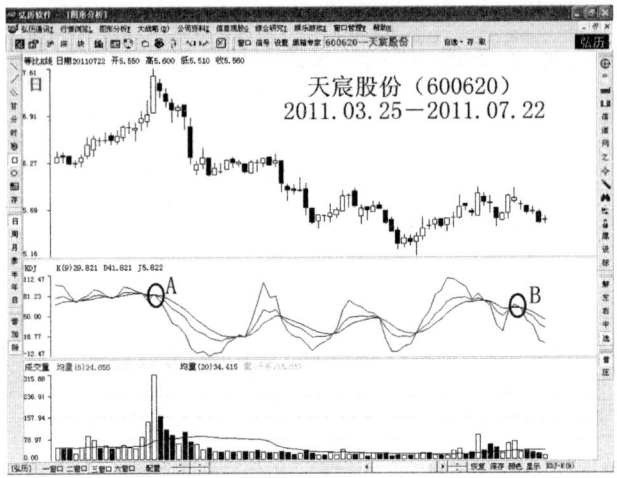

图 4.3-2

说明：上图为天宸股份（600620）自 2011 年 03 月 25 日至 2011 年 07 月 22 日的日 K 线走势图。从图中的 KDJ 看，A 点是 KDJ 的 K 线受到向下的 D 线的压制后再次回落的卖点，B 点是金叉失败的杀跌卖点。

二、RSI 指标的卖出杀跌技巧

图 4.3-3

说明：上图为栖霞建设（600533）自 2011 年 05 月 17 日至 2011 年 07 月 22 日的日

第四章 顶部调整杀跌的卖出技法

K线走势图。图中使用的均线分别为5日、10日、60日和120日均线；指标为9日的RSI指标。

图中的A点对应的股价已经跌破了5日均线，并且5日均线已经向下转折，所以，当天虽收阳线，但已经发出了短线调整的预警信号。从RSI指标来看，A点是跌破了9日RSI指标的上升趋势线L1，按照RSI的特殊使用技巧来说，这是一个杀跌的卖出点。

如果投资者属于稳健派，那么在B点当天出现低开低走的走势，已经验证了A点的风险，可择机在B当天杀跌。从B点收盘看，股价已经跌破了10日均线，且从RSI指标看，已经形成了"M"头，且RSI跌破了颈线L2，如果A点或者B点收盘之前没有杀跌的话，则B点之后必须杀跌。

RSI指标的杀跌法其实是引用了趋势线的原理，也就是说，在RSI指标上确定一条趋势线之后，当指标跌破趋势线之后，可以择机杀跌。

三、MACD杀跌卖出技巧

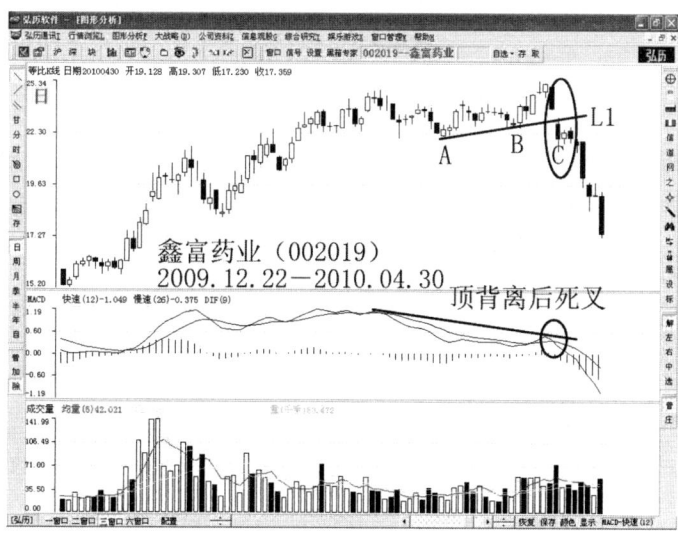

图4.3-4

卖在顶部

说明：上图为鑫富药业（002019）自 2009 年 12 月 22 日至 2010 年 04 月 30 日的日 K 线走势图。

当股价以跳空低开低走的方式跌破上升趋势线 L1 的时候，MCAD 同时出现顶背离之后的死叉，是卖出杀跌时机。

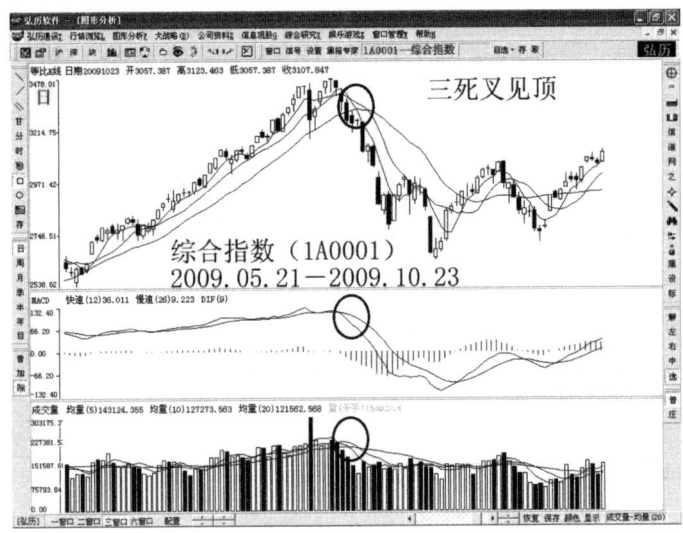

图 4.3-5

说明：上图为沪市综合指数（1A0001）自 2009 年 05 月 21 日至 2009 年 10 月 23 日的日 K 线走势图。股指于 2009 年 08 月 10 日出现"三死叉见顶"信号（5 日均线死叉 10 日均线，且 MACD 死叉、同时 5 日均量线死叉 10 日均量线，是"三死叉"见顶信号）之后，股价形成中期顶部。投资者如果按照当时"三死叉"杀跌的话，可回避后期股价长时间的大幅下跌造成的损失。

需要注意的是：在 MACD 出现"三死叉见顶"杀跌信号的时候，用在周线上或者参考一条趋势线（比如上图中股价随后跌破了 20 日均线）较为可靠。或者是当 MACD 出现死叉的时候，还要参考一下趋势运行的情况，如果像图 4.3-4 那样跌破趋势线，可信度较高。

第四章 顶部调整杀跌的卖出技法

四、指标共振死叉杀跌卖出技巧

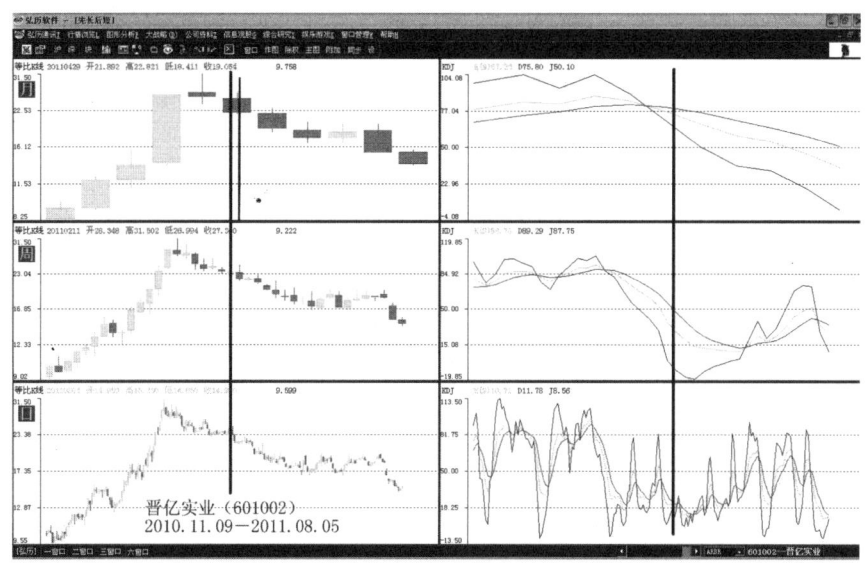

图 4.3-6

说明：上图从上至下依次为晋亿实业（601002）自 2010 年 11 月 09 日至 2011 年 08 月 05 日的月线、周线和日线的走势全貌图。

当 2011 年 03 月 14 日股价在日线出现 KDJ 死叉时，虽然此时 KDJ 的死叉出现在相对的低位，但是，此时该股的月线、周线和日线都在死叉的范围之内，属于共振死叉，且该股前期累计涨幅巨大，因此，当该股在月线刚死叉、周线在死叉的范围之内、日线也发生死叉时，必须要杀跌，否则，该股后期会出现较长时间且伴随较大幅度的下跌。

【指标杀跌法的注意事项】：

1. 很多技术指标在常规使用的时候，都把死叉作为杀跌的参考。在实战中，机械地按照死叉操作并非很理想。死叉的形式有很多种，有主动下跌导致的死叉，有横盘震荡导致的死叉，有高位的死叉，还有低位的死叉，有顶背离之后的死叉，也有底背离之后的死叉。死叉的形式不同，参考的意义也不同。高位的死叉和顶背离之后的死叉对于杀跌的参考价值较大。

2. 不能简单地只看某个周期图表上的死叉，要综合各个周期进行综合研判，综合分析死叉后期对股价调整规模的影响程度。如果月线、周线以及日线死叉的时间非常接近，这属于共振死叉，如图4.3-6，这样的死叉意味着股价后期调整的规模较大，必须及时杀跌。如果月线和周线都是在金叉的范围之内，仅仅日线死叉（或周线、日线都在金叉的范围之内，仅仅是30分钟死叉）的话，则意味着调整的规模（包括幅度和时间）较小，杀跌的时候要慎重。

3. 对于摆动类的技术指标，解决其杀跌过程中的滞后性的方法是参考其摆动幅度（比如4.3-1或者参阅第三章第五节"乖离率高抛卖出技法"。）或者是日线上顶背离的时候，在30分钟上使用死叉杀跌法。

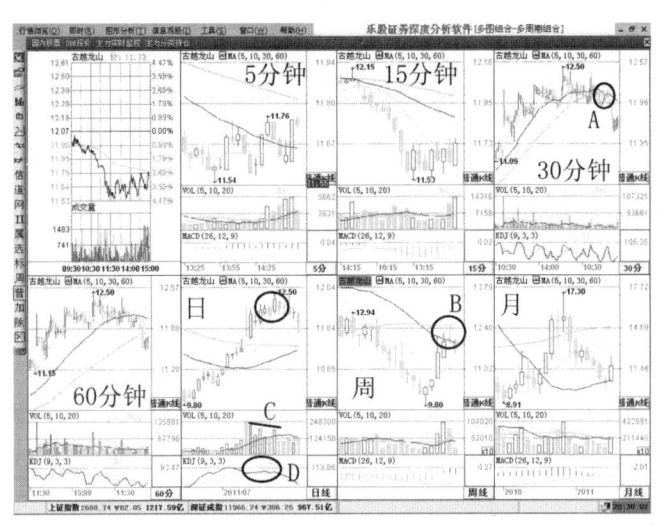

图4.3-7

说明：上图截取的是古越龙山（600059）2011年07月25日的多周期走势对比图。

在上图中，通过周线看，股价在B点位置附近受制于60周均线

第四章 顶部调整杀跌的卖出技法

的压制遇阻回落；在日线看，股价属于创前期新高之际，但对应的量价关系是图中C区间的量价背离（股价创新高，成交量萎缩），同时KDJ指标出现顶背离，这说明短线股价已经走到了阶段性的高位；因此，当30分钟图中股价在A处跌破60个时间单位的均线且均线向下转折时（或者回抽60个单位均线的时候），属于杀跌的卖出时机。

4. 在使用指标杀跌的时候，最好能借助于趋势线验证一下，也就是说，当指标出现死叉或者是出现卖点提示时，股价跌破了趋势线，此时杀跌较为可靠。例如前面讲过的案例中要么借助于趋势线，要么借助于均线用以辅助验证杀跌信号的可信度。

第四节 缺口卖出技法

【适用范围】：股价在上升途中累计一定的涨幅之后出现衰竭性缺口，或者由升转降，出现向下的突破性缺口之后要迅速择机卖掉股票。

【应用前提】：

缺口是指股价在运行的过程中由于快速上涨或者下跌形成的价格断档，属于加速运行的表现。缺口有向上跳空和向下跳空两种；按照缺口出现的位置，缺口被分为普通缺口、突破性缺口（也称方向性缺口）、持续性缺口（也称度量缺口）、衰竭性缺口（也称消耗缺口或者竭尽性缺口）；这几个缺口从辨认的角度来说，股民尤其是初学技术分析的股民，很难搞清楚缺口的性质，但这并不代表着这几个缺口难以理解。如果我们打个比喻的话，比如说汽车在行进的过程中，都需要不断地变换挡位，每次变换一个更高级别的挡位就意味着速度上了一个台阶，股市中的缺口也是一样的。当股价在持续的上升途中，出现了衰竭性的缺口之后，说明股价已经进入到了最后的疯狂，此时要逢高卖掉手中的股票，就好像是汽车在行驶途中，一旦挂到了最高的档位之后（股市中的最高挡位是4档，即衰竭性的缺口），也就意味着车速到了最后的极限，减速运行随时可能出现；如果你实在是因为辨别不清楚上升途中的衰竭性的缺口而不能及时逃顶的话，那么当股票在持续上升的末期出现缺口之后，一旦发现趋势发生改变，由升转降，跌破上升趋势线时卖掉（见前面的章节，按照破趋势线杀跌法卖出）；或者下降途中的第一个向下的方向性缺口出现，特别是出现以向下跳空的方式跌破重要趋势线的缺口，此时必须要马上卖掉。

【实战案例】：

案例1. 上升途中的衰竭性缺口，逢高卖掉，如下图：

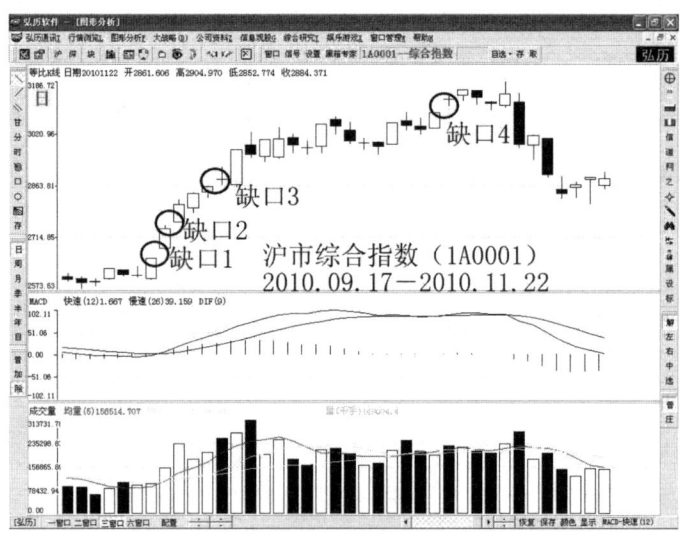

图4.4-1

说明：上图为沪市的综合指数（1A0001）自2010年09月17日至2011年11月22日的日K线走势图。

图中曾经出现过4个缺口，当第四个缺口即衰竭性缺口出现时，可以考虑择机逢高派发手中持有的股票。

第四章 顶部调整杀跌的卖出技法

在实战当中，类似上面图形中这样很典型走势的个股案例非常少，多数股票在涨跌的过程中都会出现缺口，但是，多数缺口也会在出现后不久马上被补掉，这对于初学者来说，在缺口出现时到底该如何判断缺口的性质造成了一定的难度，如果实在不能分清楚缺口的性质，不妨放弃从缺口的角度去研判的思维，换一个其他的思维方式，也能达到异曲同工的目的。比如不妨把缺口当成是股价在原有方向上的加速运行，伴随着趋势的持续，当速度加到一定的极限的时候，就意味着股价趋势即将转势。

换句话说，如果实在不能对上升趋势中的缺口做出判断，可以按照前面所讲的方法去逃顶。

如果不能卖在上升趋势的末期，那么，至少要卖在下跌趋势的初期，即当发现市场的主力采用向下跳空的方式打破原有上升趋势时，则必须要果断地卖出。

案例2. 下降趋势刚开始的第一个向下的突破性缺口出现时，必须不计成本地卖掉股票。如下图：

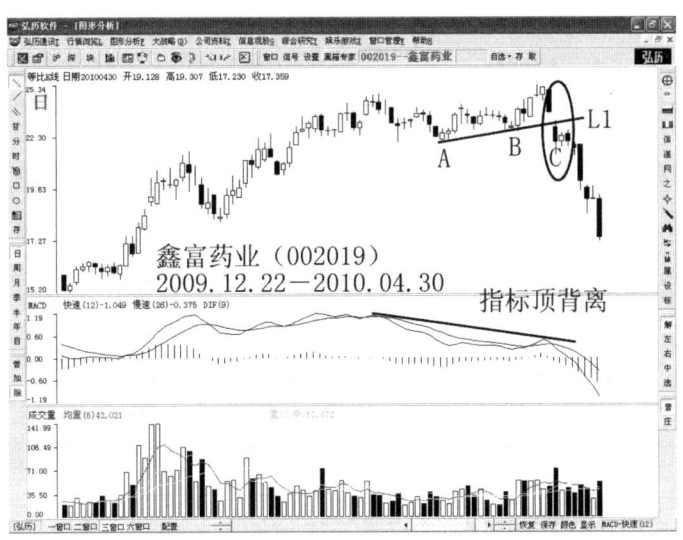

图 4.4-2

卖在顶部

说明：上图为鑫富药业（002019）自2009年12月22日至2010年04.月30日的日K线走势图。图中C处的K线，以向下跳空低开的方式，跌破了连结A、B两点的趋势线L1，此时，必须要果断地及时杀跌。否则，后期快速的下跌，必将产生极大的杀伤力。

股价在C处下跌之前的走势中，指标MACD已经出现了顶背离的特征，这预示着股价已经进入到中线筑顶的阶段，在这一阶段，股票持有者可以选择逢高开始派发手中的股票。当C处的K线以向下跳空低开的方式展开下跌之后，即宣告中期顶部已经确立。此时，作为散户来说，应该毫不犹豫地卖掉股票，以避免后期更为快速的下跌。

像上面这样的图形走势，即股价在高位经过一段时间的震荡横盘之后，一旦趋势走坏，必然会出现快速的下跌。从市场主力的角度看，如果主力采用这种毫不犹豫、快速下跌的方式，一则主力可以在高位震荡横盘出货，二则由于高位横盘期间介入的人尚没有多大的赢利空间，所以，这样的下跌方式能坚决套住高位介入的人，而且这样的快速下跌，还能帮助主力留住那些心存幻想趁着反弹卖股票的人，以免出现散户的跟风杀跌，导致股价大幅快速下跌使得主力不能全身而逃。因此，当股价高位横盘之后出现向下的第一个破位的跳空缺口时，持有股票的人必须要果断地卖掉手中的股票，这样，虽不能卖在最高位，但可以回避后期的快速下跌；也就是说，虽卖不到最高位，但争取要卖在次高位。

【注意事项】：

1. 在实战中，个股主力操盘的手法不同，所以在应用缺口卖出法的时候，需要结合趋势来研判，有些个股，主力很强势，也很精明，往往利用大盘向好的时候强势拉升，出现多个向上的连续跳空，这种情况下，初学者很难对缺口的性质进行研判，尤其是连续涨停的方式向上拉升，这样的股票，主要按照涨停个股的卖出法进行操作，不能简单按照缺口的方法卖出。

2. 如果出现第一个向下的跳空缺口时，恰好也跌破了某个重要的支撑，则表面向下的力度很大，向下的准确概率也很高，需要果断卖出。

3. 缺口对股价有压力或者支撑的作用。

4. 以缺口的方式突破压力属强势突破；以缺口的方式跌破支撑属强势破位。

第五节　形态卖出技法

【适用范围】：形态卖出法，主要用于顶部确认形成之后用来把握杀跌的卖出时机。通常是中期或者是长期投资者因没有及时逃顶而被动采取的降低亏损幅度的卖出杀跌的应用手段之一。

【使用要领】：图形的价格形态包含有两种，反转形态和持续形态。反转形态表明市场的趋势正在发生重要转折；而持续形态则意味着目前可能只是一个暂时的休整，休整之后市场后期的趋势仍将延续。上升趋势出现的反转形态和下降趋势中出现的持续形态，都是杀跌的时机。

一、反转形态杀跌技法

本书在此只列举两种反转形态的杀跌卖出方法；关于其他形态的卖出杀跌时机，请读者结合反转形态的共性来把握。

（一）头肩顶杀跌法

头肩顶形态确认形成时的杀跌卖点如下：

图中股价自 C 点跌破颈线 L3 即宣告头肩顶确立，因此，C 点就是杀跌点。

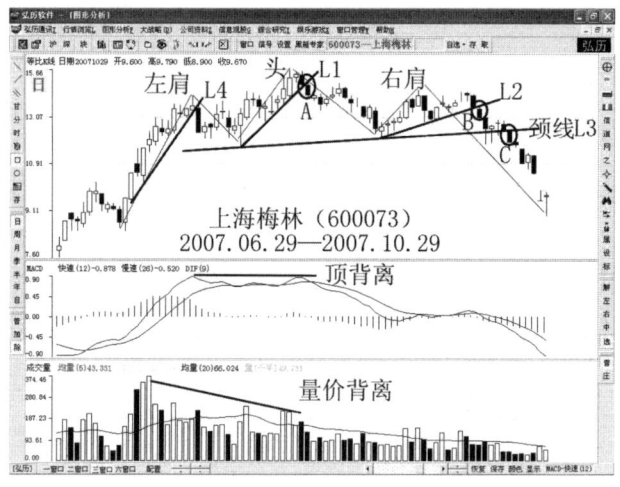

图 4.5-1

说明：上图为上海梅林（600073）自 2007 年 06 月 29 日至 2007 年 10 月 29 日的日 K 线走势图。

股价从高位跌至 C 点，已经跌落很多了，股民往往会因为已经跌了很多，不愿意卖股票，其关键原因就是不知道后期还会跌多少，要牢记炒股炒的是以后。因此，当形态确立之后，就要计算后期的下跌目标位。按照头肩顶形态测顶（即顶部形成之后测算未来的下跌空间）的方法计算，股价至少向下再下跌一个头肩顶形态的幅度（计算方法参阅第一章中的第三节"形态测顶法"关于"头肩顶形态测顶法"）。即 C 处的价格约为 11.80 元，头部的最高价约为 15.60 元，头部距离颈线的垂直距离大约为 3.80 元，即股价自 C 点大约还有 3.80 元左右的下跌幅度，这个下跌空间是需要回避的。因此，当股价在 C 点跌破颈线 L3 时，是杀跌时机，虽然此时股价距离头部已经下跌了一段幅度，但要记住你卖股票的目的是为了回避后期的下跌，因

第四章 顶部调整杀跌的卖出技法

此此时还是要卖掉杀跌。否则，虽然前面已经跌了很多，但如果不卖，那就还要继续承受后面的下跌。

我在前面讲过，杀跌其实是一种非常被动的卖出行为，投资者要想避免这种被动行为的发生，就要事先仔细观察一些迹象，以求能够在股票构筑头肩顶形态的初期，发现种种可疑的迹象。

在股价构筑头肩顶形态的过程中，关于头肩顶形态的卖出杀跌时机一共有三次机会，如上图，分别是头肩顶形态构筑头部过程中的 A 点、右肩结束时的 B 点和头肩顶形态确立的 C 点。

1. 卖点一，即头部完成之后的 A 点。此点位出现之前，往往伴随着指标的顶背离或者是量价背离，如上图。当发现股价出现头部特征时，一旦随后跌破趋势线 L1，即确认头部形成，就是卖点。

2. 卖点二，即右肩完成之后的 B 点。股价形成头部之后，往往会调整到左肩回调的低点附近止跌反弹，但反弹会受到左肩高点的压制再次出现回落，当股价在 B 点跌破上图中的趋势线 L2 时，即宣告右肩形成，因此，B 点是头肩顶形态右肩处的一个卖出杀跌时机。

3. 卖点三，即头肩顶确认形成之后的 C 点。C 点的出现，意味着头肩顶形态确立。当头肩顶形态确立之后，表明股票仍然有下跌的空间，因为卖出股票的目的是为了回避后期的下跌，因此，当头肩顶形态确立之后，必须要卖掉杀跌，以回避后期的下跌。

需要注意的是，对于上图中左肩形成时（即股价跌破趋势线 L4）的卖点是否要杀跌，我个人认为，从资金利用效率的角度上考虑，这个点位也是一个杀跌卖出点。因为从这个价位开始，后期持股时间和获利幅度相比（持股时间长，获利幅度小）与左肩之前的持股时间和上涨获利幅度相比（持股时间短，获利幅度大）的话，显然不成比例；可是，在后期走势没有走出来之前，且股价又没有出现明显的指标顶背离或者量价背离这样的头部特征，因此，为了稳妥，这个位置只能作为一个短线的卖点；再从中长期趋势来看，左肩这个位置并不能确定中长期上升趋势的结束，只有在后期股价象上图一样出现头部特征（指标顶背离或量价背离等）时，才能说明股价后期有形成中期调整的可能。所以，综上所述，从实战角度出发的话，头肩顶形态的左肩不能作为中期杀跌的卖出时机对待，它只能是一个短线的杀跌时机。同样的道理，下图中的 a 点也是如此。

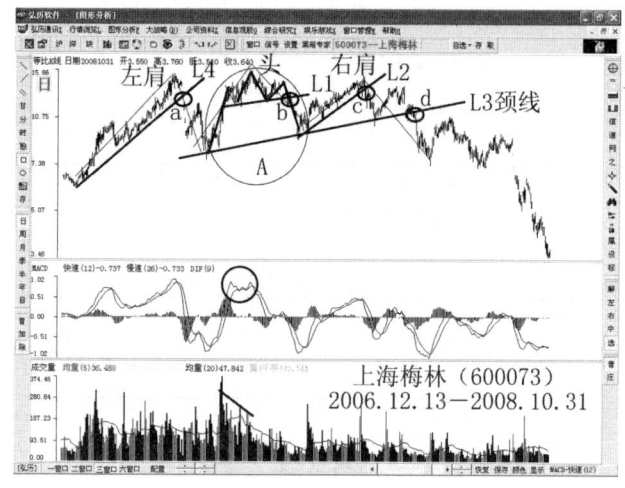

图 4.5-2

说明：上图为上海梅林（600073）自 2006 年 12 月 13 日至 2008 年 10 月 31 日的日 K 线走势图。图中 A 区域圈定的走势就是前面的图 4.5-1 的走势。

按照前面我们对图 4.5-1 中讲过的方法，上图中的 a 点是左肩构筑过程中的短线卖点，即在股价有效跌破趋势线 L4 后，是短线的一个杀跌卖点。

当然，由于当时 a 点出现之后，股票的中长期趋势还没结束的迹象，即既没有量价背离，也没有指标的顶背离，因此，此时只能作为一个短线的卖点来对待。同样的道理，上图中的 b 点，在它出现之前，虽然有一个小型的头肩顶形态，但如果从上图的左肩开始看形态

第四章 顶部调整杀跌的卖出技法

的话,这个位置也只能算是一个短线的杀跌卖点。

上图中的c点,在跌破趋势线L2之后,是作为头肩顶形态具备了雏形之后出现的,所以,是一个控制中短期风险的卖点。

上图中的d点,在跌破了一个复合型的头肩顶形态之后出现,确认了头肩顶反转形态的形成,按照头肩顶的跌幅计算,虽d点已经远离了股价的高点,但后期的下跌还有空间,在这种情况下,d点是一个中长期的杀跌卖点。

在实战中,头肩顶形态出现的频率较高,但由于构筑的时间长短不一,因此,对后期影响的时间也长短不一,构筑的时间越长,影响越大;构筑的时间越短,影响越小。比如像下面这个图形,仅仅是出现在分时走势中,所以,形态形成之后,从盘中直观的角度上说,它的影响只能算是短期的,要想知道它对中期的影响,还必须要结合中期趋势去分析。

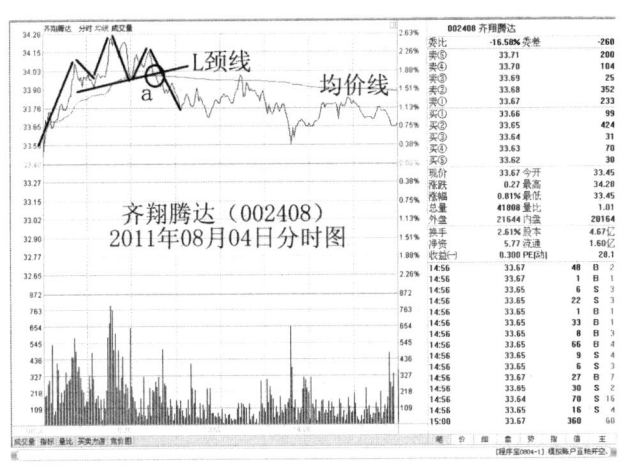

图 4.5-3

说明:上图是齐翔腾达(002408)于2011年08月04日的分时走势图。图中a点几乎同时跌破了头肩顶的颈线和当天走势的均价线,且跌破均价线之后,均价线的方向也随之转为向下,说明a点的破位是当天一个有效的破位,但由于这个头肩顶形态出现在盘中,构筑的时间较短(远远地短于了图4.5-2中的头肩顶所用的时间),因此,仅仅从盘中走势看a点是一个盘中杀跌的时机。需要我们注意的是,是

 卖在顶部

否真正需要卖出，还要结合它的日线去分析，其分析的思维判断步骤主要是判断后期是否还有下跌空间，如果存在短期的下跌空间，则可以考虑在 a 点杀跌；如果日线的趋势没有走坏，也没有出现短线的头部特征的话，则可以接受股价的盘中调整，不需要在这个位置上杀跌。

（二）"M"头杀跌时机

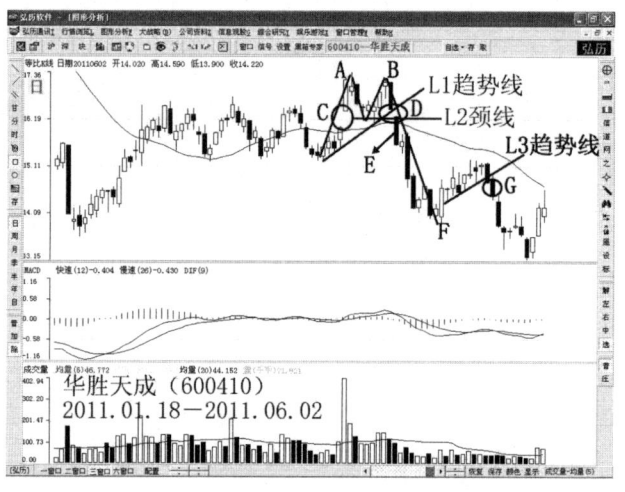

图 4.5-4

说明：上图为华胜天成（600410）自 2011 年 01 月 18 日至 2011 年 06 月 02 日的日 K 线走势图。图中使用的均线是 30 日均线。

严格地来说，"M"头在构筑的过程中产生的技术卖点有 3 个：一个是在构筑"M"头右侧的 B 点时候的高抛点，外加上图中的两个技术杀跌点，分别是 E 点和 G 点。

1. 高抛点。即上图中的 B 点，B 点在接近前期高点 A 点的压力后遇阻回落，（此时可参阅前面章节的高抛卖出时机把握），此时有构筑"M"头的嫌疑，因此，可以逢高抛出手中股票。

2. 杀跌点。E 点出现的是向下跳空的阴线，跌破趋势线 L1 的同时跌破了 30 日均线，确认了下跌趋势的开始，且确认了分别以 A 点和 B 点为头部的"M"头形态的确立，因此，E 点是一个杀跌的技术卖点。

第四章 顶部调整杀跌的卖出技法

E 点之前构筑的是一个"M"头,且该头部构筑的过程中,分别出现左右各一个缺口(见图中的 C 和 D),这样的话,它不仅仅是一个"M"头的形态,也是一个岛型反转的反转形态,这样的形态出现之后,股价确定下跌的概率是非常高的。所以,E 点出现之后,必须杀跌,可以考虑在 E 点当天盘中杀跌或者 E 点出现之后,马上卖掉杀跌。

经过一段时间的下跌,股价跌至 F 点(13.90 元)之后开始反弹,此时,股价反弹至 15.25 元,反弹的幅度为 15.25 元-13.90 元=1.35 元,约为从 B 点(17.22 元)至 F 点(13.90 元)幅度(跌幅为 B-F=17.22 元-13.90 元=3.32 元)的 1/3(3.32÷3≈1.11 元)至 1/2(3.32÷2≈1.66 元)之间,从技术上来说,当股价下跌之后,出现反弹,会在前期跌幅的 2/3、1/2 或者是 1/3 处遇阻,通常的情况下,反弹如果不能超过下跌幅度的 1/2,就属于弱势反弹,所以,当股价在 G 点跌破趋势线 L3 时,即意味着反弹结束后,此时必须要卖掉股票杀跌。

我们再来看一个"M"头的杀跌案例:

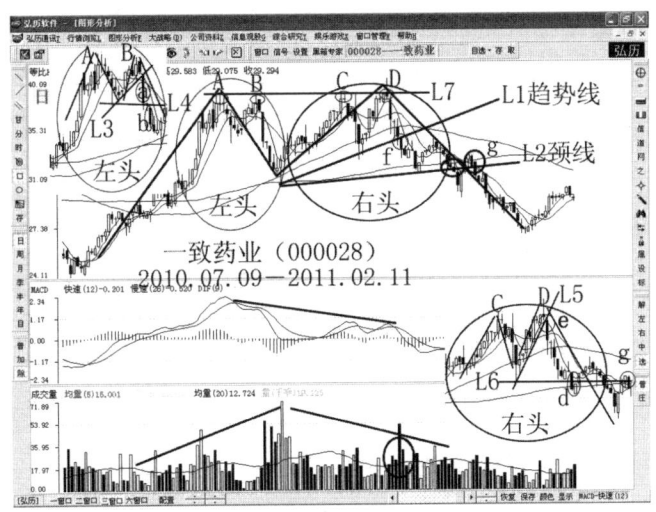

图 4.5-5

说明:上图为一致药业(000028)自 2010 年 07 月 09 日至 2011 年 02 月 11 日的日 K 线走势图。图中使用的均线分别是 5 日、10 日、60 日和 120 日均线。

 卖在顶部

很多人都有过学习的经历，但在实战中往往效果不明显，其主要的原因之一就是学习的内容或者学习的案例比较典型或者比较简单，而股价的实际走势显得较为复杂或者是与学习的内容略有变异，从而导致初学者不能在实战中做到灵活运用所学的知识，比如上面的图形就是一个复合型的"M"头。

为了能让读者有一个综合分析股票趋势的视野和思路，因此我没有把上面的图形分开制图，所以读者乍一看可能会产生凌乱的感觉。我这样做到的目的为了让读者能养成一个综合分析的思维习惯，所以还是烦请读者耐着点性子来看吧。

下面，我将按照股价演变的时间顺序对上图中的卖点进行讲解。

1. 左头（见上图中左上角的小图）

A 点在股价创新高之时，已经出现量价背离（股价创新高，成交量缩小）的走势，这种情况下的卖点可以按照前面章节所讲的高抛的方法去寻找卖出时机。但此时，因为中长期的走势并没有走坏，还不能确定 A 点就是中长期的卖点，只能把该点做为一个短期的卖点对待。

B 点受制于前面 A 点的压力，遇阻回落，且成交量跟前期的 A 点相比，极度低迷，这样的量能是不会推动股价创新高的。当然，在趋势没有改变之前，这个推理还不能得到市场的验证，投资者只能提高风险防范的意识，一旦发现图中的 a 点跌破趋势线 L3，这个推理就得到验证了，此时就是一个短线的杀跌点。之所以说是短线，是因为此时当股价跌破趋势线的时候，代表短期趋势的 5 日均线和 10 日均线向下了，而代表中期趋势的 60 日均线和 120 日均线还是向上的。当股价跌至 b 点时，已经距离中期均线所产生的支撑很近了，且按照头肩顶的下跌幅度看，跌幅也跌得差不多到位了，所以，b 点并不是短线继续杀跌的时机。

第四章 顶部调整杀跌的卖出技法

C点和D点同样是遇到前期A点和B点水平趋势线L7的阻力出现回落。并且，聪成交量上看，整体成交量的趋势也出现转向，成交量有转为下跌趋势的特征，此时，要有防范中期风险的心理准备。如果是激进的投资者，可以考虑在C点或者D点，股价遇到趋势线L7回落的时候卖掉股票。作为中线稳健的投资者，可以在增强风险意识的前提下，密切关注后期股价短期趋势的演变，一旦发现股价有构筑右头的迹象，就必须要适当减仓以控制风险，小心股价由短线调整演变为中线调整。

2. 右头

见图4.5-5中的右下角的右头。

当股价在D点遇到趋势线L7出现回落后，在e点跌破趋势线L5之后，由于此时伴随着股价的下跌，成交量开始放大，是一种下跌初期放量下跌的量价配置，这样的配置说明市场的主动性抛压比较大，意味着是一种较为确定的下跌；从另一个角度看，e点的一根向下跳空的阴线同时向下跌破了5日和10日均线，这叫做"断头铡刀"，且5日均线和10日均线已经向下拐头，再结合e点之前的两根K线，属于"黄昏之星"，这样的K线形态是一个短线的头部形态，因此，e点是一个短线的杀跌点；结合前期股价出现的C点和D点，此时，图形的形态已经初具"M"头的雏形，加之成交量已经形成下降趋势，所以，这意味着股价已经出现短线调整向中期调整演变的征兆，此时需要防范的是中期风险。

3. 复合型"M"头

见上图的中间，由左头和右头组合成的一个相对比左头和右头规模大（指的是构筑的时间长和幅度大）的"M"头。

当股价在f点，跌破了趋势线L1时，此时，股价由短期调整演变成为中期调整的迹象越来越明显，因此，f点依然需要卖掉杀跌。

在实战中，由于D点之后的下跌速度较快，初学者往往会因受到

 卖在顶部

操盘经验或者操盘果断性的制约错失多次出现的杀跌时机。一旦跌到d点附近（见右下角的小图，即右头），此时股价已经跌到了120日均线附近，120日均线的方向向上，会对股价产生一个阶段性的支撑，此时已经不能杀跌；但是，虽然120日均线的方向还是向上的，但向上的角度已经几乎接近水平移动了，这样的支撑，力度会很弱，且，60日均线的方向已经向下，所以，后期股价反复上下穿越几次120日均线之后，在g点再次跌破120日均线之后，至此，一个规模较大的复合型的"M"头确定形成，向下的下跌空间正式打开，因颈线L2几乎跟120日均线重合，所以，120日均线此时可以算是股价的生命线，当股价在g点跌破颈线之后，必须要杀跌，而且，这个杀跌是中期的卖出决策行为。如果不杀跌，后果就是股票有可能按照大的头部形态的幅度，从颈线开始，再跌一个头部的幅度，如果不能及时在有效跌破头部颈线时杀跌出局，将承受后面下跌的损失。

以上仅仅是列举了市场比较常见头肩顶和"M"头的两个反转形态的案例，在实战中，形态会以各种模式出现，如果靠死记硬背的话，很难记住或者弄清楚那么形态的特点或者名称，我们要在学习的过程中逐步养成化繁为简分析的习惯，比如，在所有的反转形态中，抓住他们的共性特征即可，反转形态具备以下共性特征：

1. 反转形态之前，市场必须具有一个上升趋势，反转指的是趋势的反转，如果没有趋势，也就谈不上反转。

2. 当前的走势跌破前期重要的趋势线。

对于反转形态来说，当股价有效跌破一条重要的趋势线，便意味着反转形态确立，此时必须要杀跌。形态的颈线，例如图4.5-1中的L3、图4.5-2中的L3、图4.5-4中的L2和图4.5-5中的L2等。通常的情况下，"有效"跌破的概念是指当天的收盘价小于支撑线的3%或者是3天收盘都在支撑下的下方；在实战中，如果重要的趋势线已经得到过前期市场的验证，或者是跟某条均线重合的话，可以忽

略这两个条件，这也是所谓"重要趋势线"当中的"重要"的意思。例如图4.5-4中的E点，该位置同时出现了向下的跳空缺口，且跌破了趋势线L1、颈线L2和30日均线，股价一举跌破这么多趋势线，这个时候，可以忽略3%的标准或者是3天的标准。

在某些情况下，股价的形态是可以演变的。因此，在我们分析形态时，在尚未获得确认之前，只能以疑似形态处理，即以预防为主，不采取任何操作。只有当突破重要趋势线的时候，才是我们采取行动的时候。

3. 对于一个正在构筑的形态，投资者往往很难区分到底会发展为反转形态还是持续形态。因为构筑形态的过程在通常情况下就是股价处于整理过程，从趋势的角度看，属于无趋势状态。对于无趋势的股票，我们应以观望为主，而不是主观臆断。凭主观猜测股价演变方向是很容易犯错误的。

4. 反转形态构筑的规模越大，反转形态确认之后，越要坚决地杀跌。

形态规模的大小是由价格波动的幅度和时间长短共同决定的。构筑形态的时间越长、幅度越大，则规模越大；反之，构筑形态的时间越短、幅度越小，则规模越小。例如上图4、5-5中的左右两个头是小规模的"M"头，左、右两个头组合成一个规模较大的复合"M"头。左头由于规模较小，所以后期的跌幅较小、时间较短，而右头形成之后，即复合的"M"头完成之后，股价下跌的幅度较大且时间较长。

二、下降趋势的持续形态杀跌技法

当股票确定形成下降趋势之后，总体呈现中期的下降趋势时，一旦有股票还在手上，则必须利用短线的反弹，来把握卖点，适时地杀跌，坚决不能持有中期下跌的股票，这是股民生存的基本原则。

股票一旦形成中期的下降趋势，极少数的股票会直线式的自杀式的下跌，这种情况只有出现在高位横盘主力有了足够出货时间的股票身上。除此之外，凡头部构筑时间较短的股票一旦形成中期下跌的趋势，那么，主力总是会制造一些反弹的机会出货的。所以没有构筑顶部时间的个股的中期下跌，并非是直线式的下跌，期间会产生阶段性的反弹，反弹的过程中，也会震荡，震荡的过程便会产生一些形态，当这些形态结束之后，股票就进入新一轮的下跌。

【实战案例】

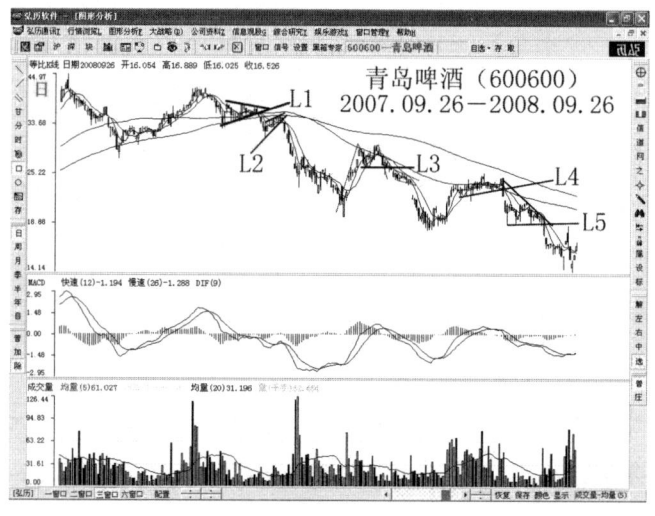

图 4.5-6

说明：上图为青岛啤酒（600600）自 2007 年 09 月 26 日至 2008 年 09 月 26 日的日 K 线走势图。图中使用的均线参数为 5 日、10 日、60 日和 120 日。其中 5 日和 10 日均线代表股价的短期趋势，60 日和 120 日代表股价的中期趋势。

股价在趋势线 L1 之前，构筑了一个收敛三角形的形态，后期股价跌破了趋势线 L1，股价延续了前期的下降趋势。当股价跌破趋势线 L1 时也跌破了 120 日均线，趋势线 L1 几乎和 120 日均线重合，这样的破位，属于有效的破位，此时，要及时杀跌，虽然相比前期高点已经损失了一些利润，但最重要的是回避了后期中长期的下跌。

第四章 顶部调整杀跌的卖出技法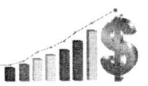

同样道理，上图中的 L2、L3、L4 和 L5 都是短期的趋势线，虽然每一次的形态模式不同，但每一次跌破趋势线之后，都出现了新一轮的下跌。因此，每一次跌破趋势线，都是一次杀跌的时机。

下跌趋势中的持续形态的种类有很多，比如上图中，L1 之前构筑的是一个收敛的三角形形态，L2 之前是一个下降楔形，L4 之后、L5 之前是一个下降三角形；做为股市中的技术分析者，要记住那么多形态的名称难度很大，对于初学者要辨认清楚难度更大，化繁为简的技巧在于记住持续形态的操作要点，那就是所有的形态最后必然有一条趋势线。跌破趋势线就意味着形态构筑结束，跌破（或者向上突破）趋势线就意味着股价重新选择了方向。因此，趋势线就成为操作的买卖依据，从卖出的角度出发的话，每一次跌破趋势线就是杀跌的依据。

【形态杀跌的注意事项】

1. 形态的性质必须在形态确认之后才能定性认识，即颈线（反转形态）或者趋势线（持续形态）被穿越才能定性认识。

2. 形态在没有跌破趋势线之前出现的卖点，暂时先按照短期卖点对待。形态在跌破趋势线之后，可结合其他的技术指标或者形态的跌幅来把握中长期或中短期卖点。

3. 在形态没有确认完成之前，反转形态和持续形态的预见性分析可借助中长期的趋向指标帮助辨认。比如，图 4.5-6 中，L1 之后的形态，因为 120 均线始终向下，因此，多数是属于下降趋势中的持续形态，在这种情况下，当股价在反弹的过程中，一旦出现阶段性的顶部特征，就可以逢高卖出股票，而且，短期的卖点也是中期的杀跌卖点。

4. 如果形态在构筑的过程中，中期的技术指标出现顶背离，比如日线上在构筑形态，周线上的 MACD 或者是 KDJ 的 KD 出现顶背离，则意味着该形态是反转形态的概率较大。此时，一旦出现股票跌破趋

势线（如颈线），则可以作为中线杀跌的标准。

第六节 杀跌注意事项

杀跌，顾名思义，就是在股票下跌的时候，要卖出股票，其目的是回避股票后期的继续下跌。在杀跌的时候，要注意考虑以下因素：

一、下跌规模的研判

股票的下跌，分为短期的下跌、中期的下跌和长期的下跌。区分清楚下跌趋势的规模将有助于我们在判断卖出时机时辨认卖点属于短期卖点还是中期卖点，因为短期卖点意味着该股还有操作的价值，可以在调整结束之后再买回来；而中期卖点出现之后，则意味着短时间之内，该股已经失去了操作价值，后期要考虑换股操作。

下跌规模的判断，具体来说：

1. 短期的下跌：指的是仅仅在日 K 线上看到的下跌，此时，在周 K 线上看到的还是上升趋势或者是横盘趋势，在月 K 线上看到的还是上升趋势；比如说，日 K 线上，5 日均线或者 10 日均线已经形成下降趋势，而周线的 5 周均线或者 10 周均线还是上升趋势，月线上的 5 月均线或者 10 月均线也依然是上升趋势。

2. 中期的下跌：指的是无论日 K 线图上表现为上升趋势还是下降趋势，可是在周 K 线上已经是下降趋势，但月 K 线上还是上升趋势或者是横盘趋势。比如说，周 K 线上看到的是 5 周均线或者 10 周均线下跌趋势，而月 K 线上看到的是上升趋势或者是横盘趋势。

3. 长期的下跌：指的是无论日 K 线或者周 K 线是什么趋势，但月 K 线是下降趋势。比如说，月 K 线是下降趋势。比如说，月 K 线上看到的是 10 个月的月均线是向下的。

第四章 顶部调整杀跌的卖出技法

在上面的教学中，引用的是日、周、月K线的分析周期组合，且均线的参数使用了5日和10日，是实战当中，具体的分析周期的组合以及参数设置，可以根据投资者的个人操作习惯周期做适当的调整。

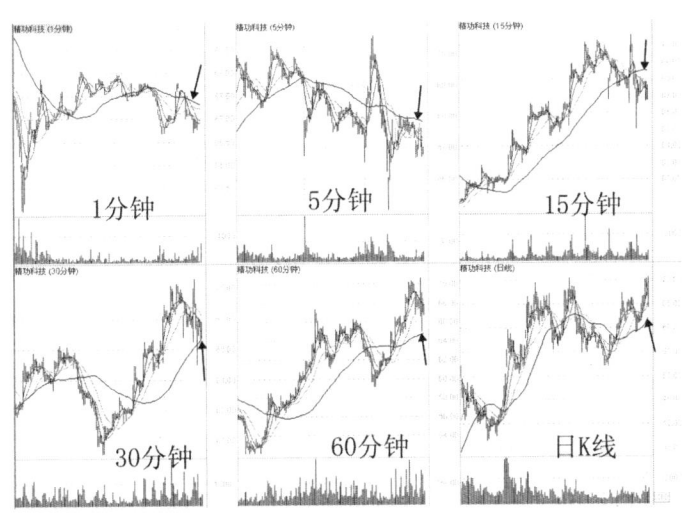

图 4.6-1

说明：上图是精工科技（002006）于2011年08月08日的多周期组合图。图中的K线周期分别为1分钟、5分钟、15分钟、30分钟、60分钟以及日K线。图中使用的均线颜色最深的一条（即箭头所指）参数为60；

按照60参数的均线的方向，上面图形不同周期的趋势分别为：1分钟图形上60周期的均线向下，是下降趋势；同理，5分钟是下降趋势；15分钟上，60均线有向下拐头的迹象，是下降趋势；30分钟是上升趋势；60分钟是上升趋势，日线是上升趋势。

通过多周期的趋势组合研判，该股短期是上升趋势，超短期是下降趋势，此时，就要密切关注30分钟的趋势演变，一旦30分钟或者60分钟的60均线向下拐头的话，就是短线的杀跌时机。

 卖在顶部

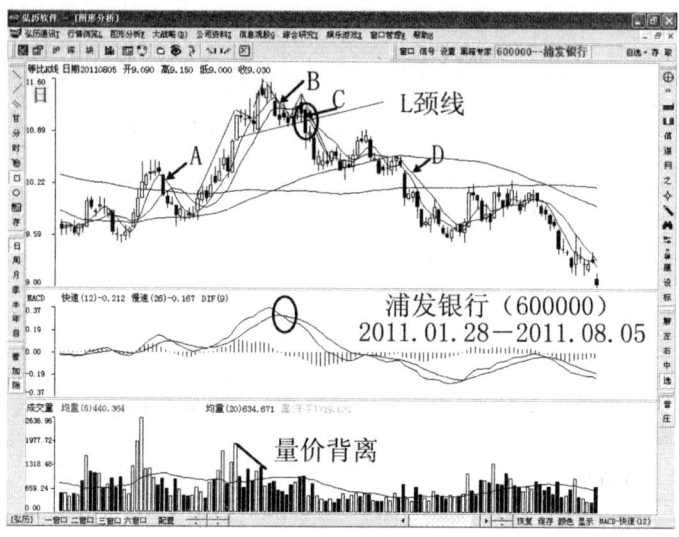

图 4.6-2

说明：上图为浦发银行（600000）自 2011 年 01 月 28 日至 2011 年 08 月 05 日的日 K 线走势图。图中使用的均线分别为代表短期趋势的 5 日、10 均线和代表中期趋势的 60 日和 120 日均线。

上图中的 A 点，股价跌破 5 日均线时且 5 日均线（短期趋势）向下拐头，而 60 日均线（中期趋势）持续向上，120 日均线持（中长期趋势）续向下，说明这个位置的短期趋势向下，中短期趋势向上，中长期趋势向下；因此，这个位置是一个短期的杀跌卖点。

上图中的 B 点，股价同时跌破了 5 日均线和 10 日均线（短期趋势），且 5 日均线向下拐头，说明短期趋势向下；60 日均线（中期趋势）持续向上，120 日均线（中长期趋势）持续向下；因此，这个位置是一个短期的杀跌点，但因为 B 点之前的上升已经出现过量价顶背离的预警迹象，因此，投资者要密切关注股价有短期调整向中短期调整演变的可能，要有防范中期风险的意识。

上图中的 C 点，股价已经跌破了"M"头的颈线，且代表中期走势的 MACD 出现了死叉，加上之前出现的中线风险的迹象（即 B 点

之前的量价背离），因此，尽管这个时候，60日均线（中期趋势）向上，但股价的走势已经由短期调整演变为中期调整的迹象出现，所以，这是一个中期的杀跌点。

上图中的D点，5日均线和10日均线向下（短期趋势），60日均线（中期趋势）开始向下拐头，MACD也已经进入弱势区域，120日均线（中长期趋势）走平，说明这个位置股价已经确认形成中期下跌，因此，尽管股价已经从高位跌下来一定的幅度，但为了回避后期的继续下跌，这仍是一个中期的杀跌卖点。

股民在股市中的比较大的亏损是由于没有躲避中期下跌导致的，因此，一定要记住，按照杀跌的原则，只要股票形成中期规模以上的下跌，无论盈亏，必须要杀跌。

二、短线调整在向中期调整过度之前，多数情况下，是有征兆的。

每一位股民都希望利润最大化，这就需要在股价出现短期调整时，学会分析短期调整是否会进一步向中期调整演变，多数情况下，短期调整在向中期调整演变之前，盘面会有一些征兆，比如图4.6-2中的B点出现时，之前出现了量价背离。

短期调整在向中期调整演变之前，要关注是否有下列征兆出现：

1. 堆量的量价背离。堆量影响的是中期趋势，如果一旦出现堆量的量价顶背离，那么短期调整会进一步演变成为中期调整。例如前面章节中的图4.5-5；图4.5-1；

2. 累计涨幅过大前提下的，过度放量。例如图4.3-2中的A点之前的巨量。

3. 趋向类的指标出现顶背离之后的短期调整，演变成为中期调整的概率较大。例如图4.2-2，股价在跌破趋势线L1时，MACD之前已经明显有顶背离的特征。

 卖在顶部

三、短线不参与调整，中线不回避调整。

中线和短线的操作是有区别的，有的时候甚至是相反的，比如有的时候，短线的卖点却是中线的买点。所以，当判断清楚了股价下跌调整的性质时，要根据自己的操作周期制定属于自己的应对调整的操作策略。在通常的情况下，短线不参与调整，这是为了加强资金的使用效率；中期不回避调整，这是为了利润最大化。

四、反转形态或者下跌持续形态确立后，必须杀跌。

反转形态确立之后，意味着股价仍然存在着下跌空间（参考第一章中的第三节"形态测顶法"），因此，在股价确立形成反转形态且未达到下跌目标之前，必须要杀跌。

下跌持续形态确立之后，意味着股价还会继续下跌，因此，也要必须杀跌。（参阅图4.5-6）

五、杀跌要克服赔钱不卖的错误思维。

炒股炒的是未来，所以卖与不卖也要根据以后的走势来定，而赔钱不赔钱看的是以前，并没考虑后期的走势。在赔钱的时候，不要仅仅看盈亏状况，更要分析股票未来的走势。卖股票的目的是为了回避后期的下跌，并非卖股票是因为赚钱了，否则的话，如果让"卖股票是因为赚钱了"成为卖股票的理由的话，那赔钱了肯定是不会卖的。万一股票后期还会继续下跌的话，那就会承担更大的亏损。

六、指标出现底背离时，暂缓杀跌。

指标底背离是指股价创新低时，指标并未同步创新低，这说明股票已经到了阶段性的下跌末期，此时杀跌就有可能把股票卖在地板价上，要暂缓杀跌，后期根据股价反弹的情况，再来决定是否杀跌。

第四章　顶部调整杀跌的卖出技法

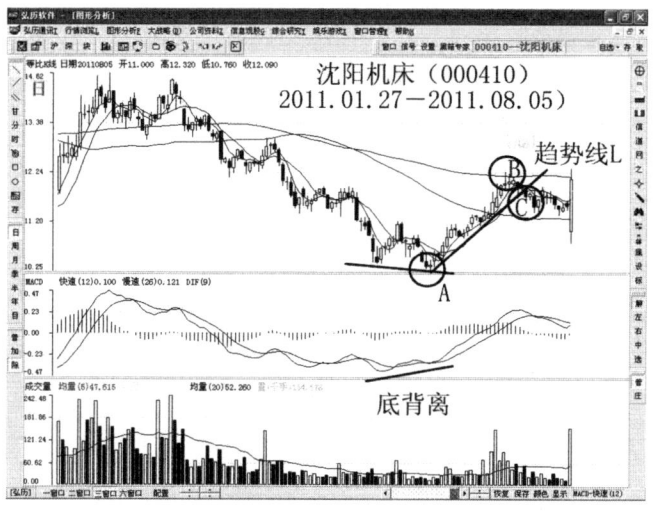

图 4.6-3

说明：上图为沈阳机床（000410）自 2011 年 01 月 27 日至 2011 年 08 月 05 日的日 K 线走势图。图中使用的均线为 5 日、10 日、60 日和 120 日均线。

图中标注的 A 点，股价再次创了新低，但此时对应的指标 MACD 却拒绝创新低，而是走出了底部抬高的走势，这种走势叫做 MACD 的底背离，意味着股价已经进入了阶段性的下跌尾声，此时，投资者要克服恐慌情绪，耐心等待股价的反弹，直到反弹在 B 点（即 120 日均线处）遇阻回落跌破 5 日均线（B 点之前已有量价背离迹象出现）或者在 C 点跌破趋势线时考虑杀跌。

第五章　卖股票应该注意的事项

第五章　卖股票应该注意的事项

如果说前面的章节我们主要学习的是方法和技巧，那么在这一章当中，我们主要讨论一下卖股票要注意的事项，同时顺便也讨论一下为什么从别人那里学来的方法和技巧自己用起来却不是那么回事儿；以及如何才能灵活地、正确地运用学来的知识。

卖在顶部

第一节　顶部的理解误区

如果你已经学习到了本书的这部分，那么逃顶的主要方法和技巧基本上你都了解了。在以后的实战当中应用的时候，除了方法和技巧之外，还要注意的是，要正确地理解顶部。

其实，大家逃顶难的最大原因，不是因为不认识顶，而是因为对"顶"的理解有误。这一节，请带着思考来阅读，只有你对顶的理解越深刻，将来逃顶时才会逃得越坚决。

误区一：只比价格，不看趋势

我们来看一只股票的走势图：

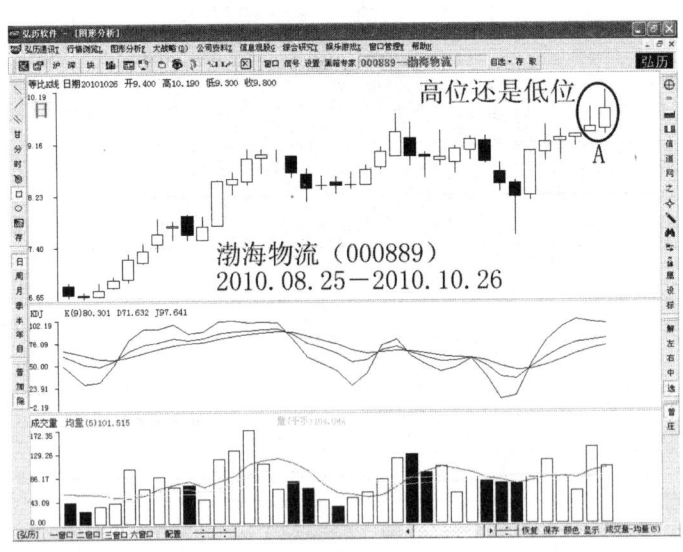

图 5.1-1

第五章 卖股票应该注意的事项

说明：上图为渤海物流（000889）自 2010 年 08 月 25 日至 2010 年 10 月 26 日的日 K 线走势图。

在上面这个图形中，你认为画圈之处的价位 A 是高位还是低位？一定要思考之后说出你的答案再往下看！

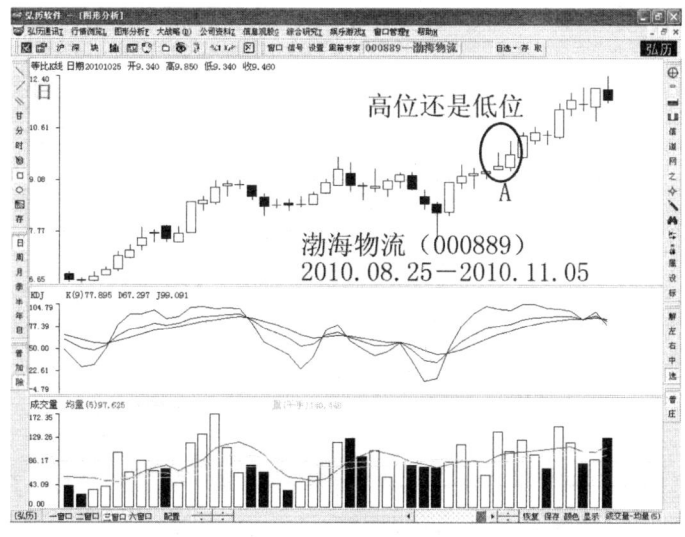

图 5.1-2

说明：上图为渤海物流（000889）自 2010 年 08 月 25 日至 2010 年 11 月 05 日的日 K 线走势图。

上图中圆圈所示的 A 处，是高位还是低位？

对于图 5.1-1 和图 5.1-2 中的 A 的位置，你的答案一样吗？其实图 5.1-1 中的 A 就是图 5.1-2 中的 A，如果你的答案是一模一样的，恭喜你，答对了；如果你的答案不一样，那么是哪里出了问题呢？先请你考虑一下，等下看答案。

我们再来看一只股票的走势图：

图 5.1-3

说明：上图为津滨发展（000897）自 2010 年 09 月 21 日至 2010 年 11 月 24 日的日 K 线走势图。

在上面这个图形中，你认为画圈之处的价位 A，是高位还是低位？为什么？请思考之后说出你的答案再往下看：

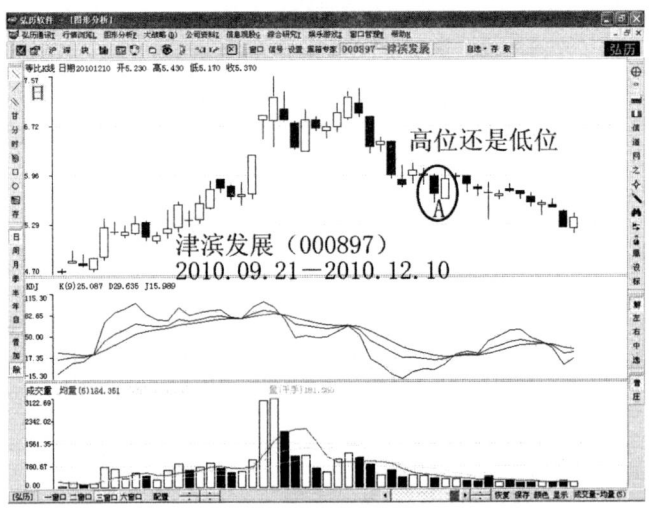

图 5.1-4

第五章　卖股票应该注意的事项

说明：上图为津滨发展（000897）自 2010 年 09 月 21 日至 2010 年 12 月 10 日的日 K 线走势图。

上图中圆圈所示的 A 处，是高位还是低位？

对于图 5.1-3 和图 5.1-4 中的 A 的位置，你的答案一样吗？其实图 5.1-3 中的 A 就是图 5.1-4 中的 A，如果你的答案是一模一样的，恭喜你，答对了；如果你的答案不一样，那么是哪里出了问题呢？

当你在股市中判断失误的时候，必须要找出判断失误的原因，这叫总结，学会总结很重要，有总结才会有完善，有完善才会有提高。

大多数人之所以对股价的高位和低位有时做出完全相反的判断，是因为有相当一部分人在衡量股价的位置时，会习惯于用现在的价格跟以前的价格做对比：像图 5.1-1 一样，如果现在的价格比以前的价格高，就认为是高位；或者像图 5.1-3 一样，如果现在的价格比以前的价格低，就认为是低位。这样的做法是非常错误的。正确的做法应该是通过价格的对比，观察一下趋势是否要发生改变或者有没有要改变的迹象。比如说，假如现在的股价是 10 元，该如何定义它的高低呢？正确的做法是分析一下以后是否还有下跌的空间，假如经过分析，预估还会跌到 8 元，那么即使这个 10 元是从原来的 15 元跌下来的，也还是高位，因为它后面还有 2 元钱的下跌空间；假如 10 元这个位置已经有从下跌转为上升的迹象了，或者说有止跌的迹象了，才能说这个位置是低位了。如果只把现在的价格跟以前的价格做简单的对比，指看到了股价已经从 15 元跌到 10 元了，忽略了后面还有 2 元的下跌空间的话，最终会导致自己做出很多错误的决定，陷入更多的误区中了：

错误 1：赚钱就卖，不赚钱就不卖

因买入在先，卖出在后，而习惯用现在的价格跟以前的价格对比的话，也往往会用卖出的价格跟买进的价格做对比。结果就是赚钱就卖，不赚钱不卖，最终要不就是卖掉之后发现你只是赚了牛股的九牛一毛；要不就是到最后惨遭深度套牢。

错误2：越涨越不敢买，越不敢买越涨

因为习惯了跟以前比较价格，因此越涨越感觉股价高，越高越不肯买，结果，眼看着一只黑马绝尘而去。

错误3：越跌越不舍得卖，越不舍得卖越跌

同样，你也是因为跟以前比较价格，所以股票越跌越感觉股价低，越低越幻想着股票会涨，结果导致一只股票从浅套到深套。

其实，比较价格本身没有错，错就错在把价格对比之后的结果当成是判断趋势的目的了，而实际上价格对比只是一种手段，真正的目的不是去看价格高低，真正的目的是为了研判股价未来的趋势。在"通过价格的对比，确认未来的趋势，按照未来的趋势制定当前的操作策略"这个过程中，价格对比只是其中的第一个环节，并不是最终的目的。比如在图5.1-1中，通过价格的对比，确认上升趋势仍然在继续，那么未来的价格就会比现在高，所以，现在仍然是低位。再比如在图5.1-3中，尽管现在的价格已经跌下来好多，但是，下降的趋势仍然没有结束，按照这样的趋势，未来的股价会比现在还低，所以，现在应当还是高位，只是它不是最高而已。在这种情况下，与其后悔没在较高的位置出手卖掉股票，不如现在把股票卖掉，来回避后期的下跌。

另外，后悔看到了较高的位置却没有及时卖股票的原因，很有可能是由于陷于了逃顶的第二个误区中。

误区二：顶就是最高点

"买在最低点，卖在最高点"这是所有股民梦寐以求的操盘境界，

第五章 卖股票应该注意的事项

但是实战中,只能是可遇不可求的。在绝大多数的情况下,你可以要求自己卖出的价格无限接近于最高点,也就是说,只要把股票卖到一个高位区域即可。只要你能提前按照本书讲的方法找好了股票上档的压力位,就完全可以把股票卖到高位区域。

在实际操作的过程中,"想卖最高点"的想法是很耽误人的。套牢不是一蹴而就的,套牢的人之所以被深套就是因为错过了最高点就不甘心卖了,错过最高点再卖就感觉很吃亏,结果导致从浅套到最后的套牢。要想改变动不动就被套牢的命运,必须记住了"顶"不是最高点,它是一个价格区间;高位也不等于高价,高位指的是相对于后期来说,依然有下跌空间的位置,也许它已经错过了比较高的价格;或者从另外一个角度上说,如果跟以后的下跌相比,高位和高价是一个概念,都是跟未来而言的,无论以前的位置多高,价格多少,只要以后还会下跌,现在就是高位或者是高价。

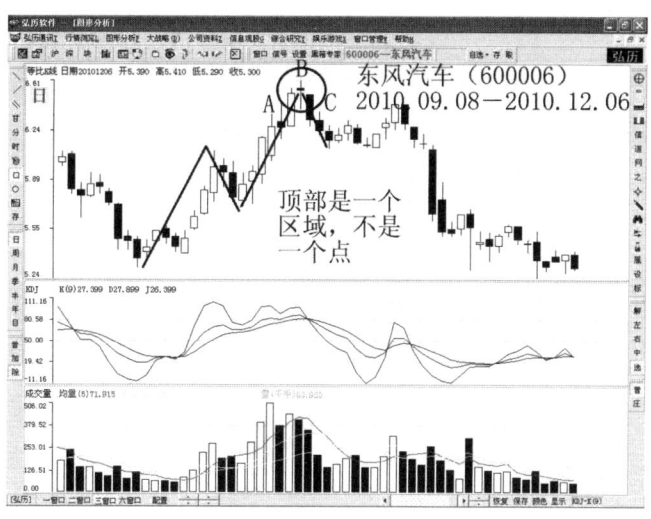

图 5.1-5

说明:上图为东风汽车(600006)自 2010 年 09 月 08 日至 2010 年 12 月 06 日的日 K 线走势图。我们可以把图中 B 叫做是最高点,但顶部不仅仅是最高点,顶部指的是高位,即图中用圆圈圈定的那部分价格区间,即自 A 至 B 至 C 这个价格范围都

是顶部。

综上所述,股民在逃顶的时候,最容易出现上面两个误区,而存在上述两个误区的根本原因,就是没有准确地理解卖股票的目的:卖股票的目的是为了止赢或者是止损,止赢或者是止损的目的是为了回避股票以后的下跌给自己带来金钱上的损失,而不仅仅是为了逃顶,或者说逃顶不逃顶固然重要,但是比逃顶更重要的事儿是后面的下跌要不要回避。

所以,要想逃顶,就必须记住,不能卖在最高,就卖在次高,不能卖在次高,就卖在半腰,只要股票没跌完,就必须要卖!

第二节 思路要清晰,目的要明确

股民最痛苦的事儿有两个,一个是选什么股票好,另外一个就是用什么指标好。

这本书不能免俗的是讲了很多个方法和技巧,我不担心你学不会其中的方法,我担心的是你在实际操作中不知道用哪一个方法好。也许,股民中的初学者只是希望学习这些方法之后,用一个最好的。

可是,你要知道,无论是指标还是股票,股市里没有最好,只有更好。从逻辑的角度上推理的话,如果有最好的指标,那么也就没人再去发明指标了。或者从另外一个角度想,如果有最好的,所有人一定会用最好的,那么,这个最好的指标会指导着大家同时去买(或者同时去卖),比如,指标不可能在金叉的同时死叉吧,一旦指标金叉了,大家都去买,可是谁卖呢?只有买方,没有卖方,买卖是不成立的。

第五章　卖股票应该注意的事项

其实，在股市中，无论哪一种方法和技巧，都不是百分之百的准确；也没有百分之百不准的，假如有百分之百不准的，那么，你反着用，也成了百分之百准的了。所以，无论哪一种方法和技巧都会让使用者产生异议，有人说好用，有人说不好用；或者说，一会儿好用，一会儿不好用。

为什么同样一种方法和技巧，有的人用着好用，有的人用着不好用呢？有的人好用、有的人不好用的原因是适合不适合你用，就好像是同样一件衣服，有的人穿着好看，有的人穿着不好看。

为什么同样一种方法和技巧，一会儿好用，一会儿不好用呢？这个原因在于你是不是用在了合适的地方；就好像你的一件衣服，你不能不分场合或季节的去穿一样。

我给你的建议是：在某种程度上说，会用指标的人就好像是会用人的领导，人无完人，但可以用人所长。如果你以后按照这个标准去使用指标，你会发现，指标好用多了。

其实，方法和技巧固然重要，但是，比方法和技巧本身更重要的是投资者的思路，思路决定了你选择什么样的方法和技巧，当你有了思路以后，你才能在方法和技巧出现失误的时候，知道如何去弥补，这就是通常所说的选择比努力重要的道理。如若不然，你选择了一个错误的方向时，你越努力，距离正确的目标就越远。

什么是思路？思路就是思考问题的路线。路线由什么决定？路线由目的决定。目的错了，再完美的路线也没意义；目的对了，路线也许不是很完美，但起码最终能到达目的地。因此，要想建立一个正确的思路，必须要有一个正确的目的。在实战中有的时候，如果无论你怎么努力都达不到目的，也许就是你的目的错了，千万不要怀疑你的努力；努力本身并没有错，错的是你努力的目的，和在错误目的指导下的努力方向；如果说努力的目的错了，或者说努力的方向错了，那

么再怎么努力也失去了意义。

假如你在炒股的过程中，总是在某一个方面出错，此时你应该要反思的不是你的方法，而是要反思你的目的，因为你的目的错了，所以，最后无论你怎么走，都是错的。

比如总是在卖股票这个问题上出错的人，问题出在哪里了呢？也许就是你卖股票的目的错了；你不妨卖股票之前问一下自己：卖股票的目的是为了把赚的钱先装兜里再说，还是为了回避后期的下跌？假如，你卖股票的目的是为了把赚的钱先装兜里再说，那么假如不赚钱甚至亏损时，你卖不卖？如果你卖股票的目的是为了回避后期的下跌，那么你不赚钱甚至亏损，你卖不卖？显然，如果卖股票的目的是为了回避后期的下跌，那么现在赚不赚钱都会考虑把股票卖掉，而如果卖股票的目的是因为赚钱了，那么不赚钱的时候，肯定不卖。所以说，总是卖不好股票的人，请反思以下两个问题：

1. 你卖出股票的目的是什么呢？

2. 你曾经犯过的错到底是因为方法错了？还是因为思路错了？

上面这两个问题，因为每个人的出发点不同，思路不同，因此，考虑问题的角度也不同，可是大的方向上还是差不了很多的。比如第一个问题，正确的卖出股票的目的是为了回避股票后期的下跌，所不同的，只是要确认回避的下跌属于短线还是中线。我不能给大家一个统一的答案；关于第二个问题，我建议，首先要按照市场的走势反思自己的思路，因为思路决定了你具体选择应用哪一种方法。

比如说，按照上一节中的图 5.1-5 左侧卖还是右侧卖，这真的是跟你的思路有关，如果你是激进的短线客，左侧卖是最好的；但如果你是稳健的投资人，右侧卖是最适合的。另外，根据短线和中线不同的投资风格，思路也有不同：

第五章 卖股票应该注意的事项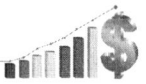

一、短线客卖左侧

思路如下：

首先你按照测顶的方法测算出顶部。然后对走势进行跟踪观察：

1. 如果没到你测算的价格，股价出现30分钟趋势反转向下（转势测顶法），卖掉。

2. 如果股价没到你测算的价格，还在涨，但是大盘向下了，这种情况下，谨慎防守，30分钟如果出现顶背离的迹象或者是转势的迹象，卖掉。

3. 如果股价到了你测算的价格，但是还没有出现顶部迹象，继续持股，并重新测顶之后，执行新的操作计划。

4. 如果股价在你测顶的价位附近出现顶部迹象，逢高减持或者卖掉。

二、长线、中线客卖右侧

思路如下：

1. 中短线的朋友，可以利用周线为主要的参考图表，使用一些短线操作的技巧。

2. 中长线的朋友和长线的朋友，以周线或者月线为主要参考的图表，使用的是右侧卖出的方法，即在出现顶部迹象之后，确认上升趋势结束。此时可以卖掉手中的股票。

另外，从资金管理的角度考虑，专业的投资者关于中长线的股票一般是采用分批卖出的策略：

首先，必须是确认月线或者周线出现顶背离的迹象了，或者距离测顶的目标很近了，此时可以利用股价继续冲高的机会、按照倒金字塔式的资金管理方式逐步卖出股票。假如你有1万股的话，你可以卖出 2000 股，再涨，卖出 3000 股，再涨卖出 5000 股。我说的这种做法的前提是，必须按照你测顶的结果，股价接近了你测顶的目标，或者你发现有了顶部迹象才能这样做。千万不要还没有任何顶部迹象的时候，这样去卖股票，否则，你断章取义在实战中导致失误的话，我也会很内疚。

我曾经接触过一些咨询我股票的股民朋友，当我问他们持有的股票做短线还是做中线时，他们常常反过来问我，让我给建议一下做什么线合适，遇到这样的问题，我总是感觉很力不从心，不是不能给他建议，而是不知道怎么帮助他合适。凡是这样的人，我敢说最起码的是目标不明确，甚至有的人连思路也不明确。股民最容易反复出现的失误就是先把股票买回来，买了就赚的，短线处理了；买了不赚的，中线处理，最后，拿在手里的肯定都是不赚的。那么他的总市值就一定是亏的，因为你持有的都是亏损的股票。我希望正在看书的朋友您，能在以后的操作中注意这个问题。比如说，在买入股票之前，你可以用本书中所讲的测顶的方法，估算一下你介入的风险收益比，然后再制定你的操作目标和买卖方法。实战当中不能及时逃顶的人，往往是忽略了买入之前的赢利目标的设定。

比如有一个人准备选一只赚 5% 就跑的股票，而另外一个人准备选一只能赚得越多越好的股票，我想，前者一定会容易得多，因为，它有一个明确的赢利目标，你可以按照这个目标，经过测顶，去选择上涨空间满足这个目标的股票，而后者因选股思路模糊导致选股的目标也是模糊的。

因此，请读者朋友一定要记住，卖股票（包括炒股）的思路一定要清晰。其次是目标一定要明确。

其实，新股民也有很多想法，只是想法不够具体，或者概念比较模糊而已。比如，对于新股民来说，下面这两个问题是经常遇到的

第五章 卖股票应该注意的事项

问题：

问题一：持有的股票跌了，该不该卖？

这要参考图2.2-8中，关于位置的说明，假如，你持有的股票属于图2.2-8中所说的4个位置，就要卖掉。（短线参考30分钟或日线；中线参考周线或者月线。）

在我曾经遇到的股民中，有一位股民给我讲了一个冷幽默，他说：持有的股票涨了不知道怎么处理，只会处理下跌的股票。我当时好奇，我问怎么处理呢？他说，很简单啊，不卖就行了。

凡是持有这样想法的股民，这辈子炒股基本上命中注定就是亏损了。一定要记住，你要承受的最大亏损必须控制在10%左右，10万块亏1万块出局，然后慎重选择才能再次操作，用9万块赚1万块，大约赚10%多一点就可以回本了；但是如果你10万块亏到只剩下5万块的话，只有赚100%才能回本，你说，哪个容易？如果你还没有学会赚钱，就不要把麻烦惹得太大了，所以，超过10%这个亏损的额度，就不要对股市抱有没有依据的幻想，先把钱放在自己手里再说，你不确定的风险，不要去承担。

问题二、当持有的股票涨了，开始赚钱了，会经常提出这样的疑问："股票该不该卖呢？"或者是"想把这个股票卖了，但万一卖错了怎么办呢？"

那么按照下面的思路去操作就可以了：

1. 涨到位了没有？（需要测顶）

2. 有顶部的迹象没有？假如有，这个顶部迹象是发生在日线上？（属短线顶部）还是周线上？（属中线顶部）（需要识顶）

3. 大盘什么情况？（需要判断大盘）

4. 假如要卖？高抛还是杀跌？

5. 卖完之后，是否择机买回来？

卖在顶部

分清楚上面这几点之后,剩下的事儿,就是把这本书翻开,然后像查字典一样去翻书好了。我相信这本书里一定能让你找到答案的。

总之,只要你记住了,思路一定要清晰,目的一定要明确,态度一定要果断,心态一定要中庸。这是我多年以来在股市中的感悟。

第三节　卖错了怎么办

散户只是参与价格交易的人,不是主导价格交易的人,在一个你不是主宰者的市场中参与交易,出错是必然的,只是,不要让自己错的太离谱,错的无法挽回。

因为出错是必然的,所以,第一,不要怕出错;第二,一旦发现错了,要马上采取补救措施。

一、不要怕出错

"卖错了怎么办?"

常常有人纠结在卖与不卖之间,不卖怕跌,卖了怕涨。

其实,当你产生"卖错了怎么办"这个念头的时候,前提一定是你"想卖了",但是由于没有把握,害怕卖错了,于是会产生"卖错了怎么办?"这种念头。

当你遇到这种情况的时候,首先问问自己,为什么会产生"想卖了"的想法?是因为赚钱了?听到利空消息了?想在亏损的初期止损?还是因为跌得太多让你失去了持股的信心?抑或是发现自己买错了?

实战当中,你可以在"卖与不卖"之间纠结,但不应该纠结的时间太长,因为股市的机会稍纵即逝,优柔寡断的话,就是贻误战机。

第五章 卖股票应该注意的事项

在这本书里,我们反复强调了卖股票的原因,那就是"因为股票后期会下跌",我们讲了如何去测算顶部,如何去识别顶部,如果你的股票符合了这两点之后,你感觉该卖了,只需要确认一下,你需要按照哪种方法卖出,然后去卖掉就可以了

如果你是一位在股市中身经百战的老股民,当你在看盘的过程中,有了"想卖了的感觉"的话,那就要认真地重视了,因为对于一个非专业的人来说,经验有的时候比知识更可靠。

但如果你是一位新股民,至今还没有找到盘感的话,比较稳妥的方式,就是按照你掌握的知识来判断,这是因为,知识在某种情况下属于是别人的经验。

股票到底是不是该卖,最简单的方法就是,如果你没有这只股票,你现在买不买?我的经验是,当你持有这只股票和没有这只股票,对它的看法基本一致的时候,就说明你的看法基本理性;如果你理性地炒股的话,只要按照你学习的方法去操作就可以了。但当你持有这只股票和没有这只股票,对它的看法不一致的时候,有很大可能,你的判断是感性的,感性的对待股票的话,就很容易冲动。

当你持有的股票害怕卖错了的时候,仍然需要你重复学习上一节中结尾部分讲过的思路,就是按照如下的思路,问问自己该不该卖:

1. 涨到位了没有?(需要测顶)

2. 有顶部的迹象没有?(需要识顶)

3. 大盘什么情况?(需要判断大盘)

4. 假如要卖?高抛还是杀跌?

5. 卖完了之后,是否择机买回来?

当你按照上述的思路分析之后,还需要看一看,你所持有的这只股票属于哪一个板块,这个板块中其他的股票表现的如何?如果大多数都有做头的迹象,那就卖掉吧,没什么犹豫的!股市中,纵有百密也会有一疏,不要怕错,只怕吃一堑但不长一智。况且,卖错了不可怕,起码你手里有钱,而且一卖就错的行情也不会很差,只要手里有钱,机会有很多。只要你能反思自己这一次错了哪里,当成是下一次的经验就好了。

二、出了错,要马上补救

(一)真的卖错了

当你经过缜密的考虑之后,把股票卖掉了,忽然发现卖错了,你前脚卖出,后脚股票还在涨,这种情况下,你首先需要冷静。冷静地分析一下,现在股票的上涨是属于哪一种情况,分析你错在了哪里,是中期趋势判断错了,还是具体的短线高点判断错了。如下图:

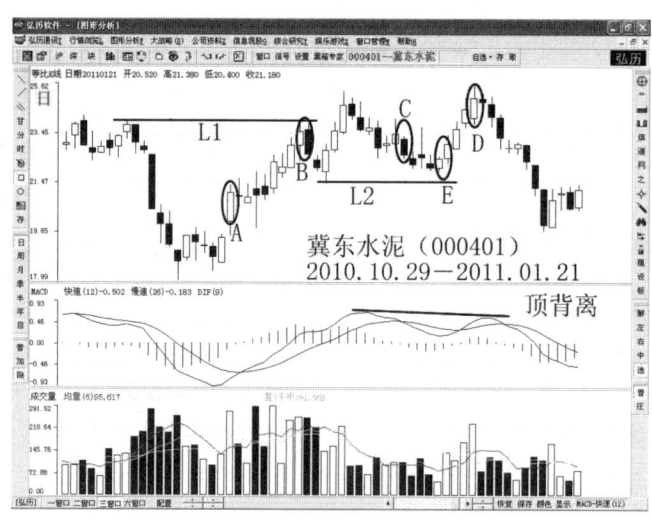

图 5.3-1

说明:上图中为冀东水泥(000401)自 2010 年 10 月 29 日至 2011 年 01 月 21 日的日 K 线走势图。

在上面的图形中,如果你卖在 A 区域,或者是 C 区域,就是卖错

第五章 卖股票应该注意的事项

了；如果你卖在 B 区域就不能说是卖错了。

1. 假如你卖在 A 区域的话，你卖了之后，随后，股价还在继续上涨，因此说，你卖错了。其实，这根本不是卖点，因为，A 面临的下一个压力位是 L1，距离压力位尚早。

在实战中，如果因为不是卖点而把股票卖掉了的话，要赶快找个低点把股票给买回来。

2. 假如你卖在 C 区域的话，股价随后没怎么跌，而是涨到了 D 区域，这也是卖错了。出错的原因是，这个位置上距离 L2 的支撑已经很近了，在没有跌破 L2 之前，下一个下跌空间并没有打开。所以这种错误往往属于因绝望和恐惧而卖的。

在实战当中，如果你能在 E 的区域发现你的错误，你可以买回来；如果等到快到了 D 区域的时候才发现自己卖错了的话，就不能再买回来了，因为，D 下面对应的技术指标已经出现了顶背离的迹象了。

3. 如果你是因为 L1 的阻力，在 B 区域把股票卖掉的话，虽然后来到了 D 的时候，股价已经比 B 高了，但是，也不能说是卖错了，因为，从 B 到 D，你持股的时间和你所获取的利润，是不成比例的。所以，B 这个位置上卖股票，就不能说卖错了。

在实战中，如果非要后悔的话，也只能说，你应当在 E 这个位置，把卖掉的股票再买回来，错的是没再买回来，而不是错在 B 的位置上把股票卖掉了。

（二）不卖，错了

当你决定不卖，最终发现这个决定真的非常错误的时候，比如，在实战当中，绝大多数人都遇到过这种经历：当一只股票出现小亏的时候，并且不能完全确认这个股票还会跌，在这种情况下，大家会选择再持股观望一下；可是，后来发现，这个决定非常错误，股票最终

选择了持续快速的下跌。这就是说当你决定不卖之后，发现，这个决定十分错误，此时，你该怎么选择呢？

1. 要看看下一个支撑位是哪里，假如就好像上面的图形中的C，距离下一个支撑位很近了，还是等到支撑位，看看股价的表现再说吧。

2. 如果经过寻找支撑发现，距离下一档的支撑还有很大距离，股价近期还有下跌空间，那就要马上止损。

3. 如果实在不能确定后期股价会演变成哪一种趋势，那么必须要记住的是不能承担太大的损失，特别是在亏损超过10%的情况下，就必须要分析股票的中期趋势，如果该股已经从最高点下跌超过了10%（短线的标准是3%），那就说明该股已经开始了中期的调整，那么你在后期的操作中还是要逢反弹的高点择机把股票卖掉。如果这个时候，担心万一卖错了怎么办？这个问题已经在本小节的开头"不要怕出错"中讲过了，请参考。

之所以我把标准说的这么简单，是担心初学炒股的人不能马上将本书中"杀跌的卖出技法"运用到实战当中。当你学习了一段时间之后，我还是希望大家最终能按照我书中讲过的方法去操作。

在大家准备把本书中的技巧和方法运用到实战中之前，你首先必须要做的是，按照本书中所讲过的方法，建立一套适合你自己的逃顶的交易系统。

第四节　建立自己的逃顶交易系统

股市中，你交易的成功概率和你冲动交易的次数成反比。冲动交易的次数越多，赢利的成功概率越低。反之，冲动交易的次数越少，

第五章 卖股票应该注意的事项

赢利的成功概率越高（要理性交易）。这里所说的成功概率，不是你指成功了多少次失败了多少次，而指的是你成功时是否大赚，失败时是否小亏。

为了约束自己的交易行为，避免因随意买卖而导致的不良交易后果，每个人必须要制定一套适合自己风格的交易系统。交易系统必须要适合自己的投资风格，才能最大限度地发挥它的优势和作用。

一套比较完善的交易系统，必须要包括资金管理、对大盘的分析、选股、选择介入时机、选择卖出时机五个部分的内容。因本书主要讲解逃顶方面的内容，所以，我们主要谈一下如何建立一套逃顶的交易系统，我把它作为本书最后的总结应用。

也许有人会提出质疑，他认为市场是在不断地发生变化，如果使用固定的操作模式的话，会不会过于机械？

实际上，灵活是建立在有章可循的基础上，灵活不是随机，也不是随性，灵活指的是将合适的方法用在合适的时机。也就是说，用？还是不用？这是原则问题，原则的问题必须要制度化。用的时候怎么用，效果才能最好？这就需要灵活运用了。

灵活运用的前提是知己知彼，即，既要了解你所应用的知识或者工具（在交易系统中，主要指的是技术指标），又要了解自己的操作风格。

下面是我给朋友们提供的一套逃顶的交易系统，当中没有考虑个人的投资风格和参考使用的指标，这一点希望朋友们在参考制定你自己的交易系统时，注意要结合自己的风格，并改换成你所熟悉掌握的指标。

一、短线如何逃顶

短线客卖左侧（即图 5.1-5 中的 A 到 B 区域）

卖在顶部

1. 在赚钱的前提下：

在日 K 线中，股价上涨到目标位附近，当 10 日乖离率（BIAS）到达该指标对应的自身的前期高位附近，30 分钟上（可按照自己的风格适当调整为 15 分钟或者 60 分钟）出现顶背离时（或者成交量异常放大）的快速拉升，卖掉。（你也可以使用在学习这本书之后掌握的识顶的指标）

2. 在亏损的前提下：

（1）破位卖掉，或者股价自最高点下跌超过 10% 时，逢反弹卖掉，不犹豫。

（2）超过 10% 的亏损，卖掉，坚决不心存侥幸。

备注：1. 上述 10% 可以做为中短线的标准；短线可以修改为 3%~5%。

2. 卖掉后，如果发现后来中期趋势没走坏，可择机按照你所制定的买进的方法买进，以防止短线卖了个高位，结果丢了一匹黑马。

二、中线如何逃顶

中线必须要采用右侧卖出法（即图 5.1-5 中的 B 到 C 区域）

1. 周线的 10 周乖离率（BIAS）到达该指标对应的指标的前期高位附近，K 线组合出现了顶部 K 线组合，卖掉。

2. 周线趋势尚好，日线有做头的迹象，开始分批卖出（参考第五章第二节）

3. 周线跌破 14 周 RSI 趋势线，卖掉。

三、大盘的顶部判断

（略）详见第二章第六节

四、注意

1. 短线的高位可卖可不卖，但中线的高位必须要卖；或者说，一旦没能卖在短线的高位，当发现已经扩散成为中线调整的时候，必须要卖。

2. 当大盘形成顶部时，无论个股是否下跌，必须要卖出一部分仓位，控制系统风险。特别是发现大盘进入中期调整时，一旦发现手中股票破位转下跌趋势，一定要空仓。

3. 当大盘自高位下跌 10% 后，确认了形成中期下降趋势后，一定要保持空仓，趋势不转好，坚决不买股票。

4. 一定要记住：只看位置，不看价格。顶指的是比未来的价格高。

5. 一定不能忽视股市中的大阴线，特别是一下子吃掉前面很多根阳线的大阴线。

6. 卖错了之后，如果大盘不好，保持空仓；如果大盘还好，赶紧择机买回来。

上面是我给朋友们建议的一套卖出交易系统，其中的方法不是唯一的，并且因每个人的投资风格不同，因此，适合使用的方法也不同。所以，我建议你要建立一套符合自己投资风格的卖出交易系统，这是必需的。

交易系统实际上是由你所熟悉掌握的技术指标组建的一个买卖程序，要想在股市这个情绪起伏很大的交易市场中取胜，必须要建立一套适合你自己的交易系统，把它作为程序来严格遵守和执行，要具备军人一样的执行力。否则，即使是再好的理论和方法，也将变成一纸空文。在众多股民当中，最后成功的那些人，不是学的最好的那些，也不是最聪明的那些，而是执行能力最强的那些人。而那些我行我

素、自以为是的人是最失败的人。

股市中有句谚语,叫做"会买的是徒弟,会卖的是师傅,会止损的是祖师爷"。会止损其实也是说的会卖,所以,如果你想做到会卖,最简单的办法就是建立一套适合自己的逃顶的交易系统,然后去严格地执行它!

结束语

如何把知识转化为实战能力

至此,你已经系统地学习了如何逃顶,接下来你首先要做的事情,不是赶快到股市中去实践书中所讲的方法,我建议你首先把下面的话看完,然后再去到实战中应用书中所讲的方法,以便于提高你操作的成功概率。

股市中无数成功者的经验表明,只要你能够坚持按照下面五个步骤(注意顺序)来努力,我相信,你不但能找到一条学习的捷径,而且你很快就能将学过的知识转化为你在股市中的实战能力。

一、学习,不断地学习

外行和内行的区别,首先体现在专业知识上,一名专业的投资人,需要知道宏观政策对经济的影响,需要知道经济的发展与股市的关系,需要通过对上市公司财务报表的分析了解上市公司未来的发展方向和潜力,需要了解行业发展周期对相关上市公司未来经营发展的影响,需要宏观经济政策对相关行业的影响,需要通过盘口语言了解主力的操盘信息,需要知道股市中量、价、时、空的关系,这一切都

需要学习。

学习还可以帮助股民提高独立的思考判断能力。股市不仅仅包含了金融学方面的内容，也包含了心理学方面的内容；股价的变化是人交易的结果，在交易的过程中，包含了人性的一些东西，炒股更多的时候，不是斗勇而是斗智，斗智取胜的前提是要比别人的智商高，提高智商的关键不在于学习而在于思考。懂思考、会思考的人需要的是见多识广，如果"见"的不多，则需要知识面广。要想扩充知识面则必须要通过反复学习、多多学习。

散户要想在股市中取胜，需要了解主力的操作思路和手法。市场中随着时代的变化，主力的炒作理念和炒作手法也不断变化，所以，为了了解主力，我们也要不断地学习。

要学的股票知识有很多，不要发愁不知道从哪儿开始学起。你可以拿着自己的交割单对照自己操作过的股票，首先来反省一下，影响你赚钱的问题出在哪里，是卖得不好？还是买的不好？把你感觉自己最不好的那个地方通过学习解决掉就可以了。

二、理解和思考

从你开始学习的那一天至今，你已经学习了太多的东西，可是还有很多的东西在等着你去学习，但无奈的是你已经错过了记忆力最佳的年龄，边学边忘会让你失去继续学习的热情和信心。

解决这个问题最好的方法就是对于学习的知识进行理解和思考。只有被理解了的知识，才能容易转化成为自己的东西而不被忘记；经过思考的知识，印象才会深刻。所以，理解和思考是加深记忆的最好的方式。如果能够边思考边学习边理解，就会起到事半功倍的作用。

比如说，影响股价涨跌最根本的原因就是买卖双方的力量差异，当你理解了这一点之后，即使你什么都不会，只要在盯盘的时候，盘中你盯着买卖双方成交的过程中，买的多还是卖的多就可以了。当然未必买的多就一定会涨，可是，反过来再想想，买的多不涨是不符合逻辑的呀，如果股票都已经涨了很多了，买的多不涨是不是说明这些买的有作假的可能呢？

再比如，股市的本质就是涨多了会跌，跌多了就会涨；涨不动了会跌，跌不动了会涨；那么，在你所学的知识里面，哪一个方法是监测涨多了的呢？那就是乖离率、超买；哪一个是监测涨不动了的呢？那就是成交量放大很多，但涨幅很小，就是说明涨不动了，诸如此类。

反过来也是这样的，在学习的时候，对于很多知识最好能在理解和思考的基础上学习和记忆，不能死记硬背。只有理解了之后再去记忆，你会发现那么多的股票知识，其实是相通的。

关于思考与学习的关系，子曰："学而不思则罔，思而不学则殆。"意思是说，只学习不思考，就会茫然无所适从；只思考而不学习，就会对很多事情疑惑不解。

三、找规律、用规律

多数的情况下，初学者都会经历这样一个阶段：就是刚开始时学习得很勤奋，并且也积极地去尝试所学的方法，然后因在实践中屡屡受挫，转而开始质疑所学内容是否正确、有用，甚至失去学习的热情。

之所以出现这样的问题，是因为在运用所学到的股票知识的过程中，存在着相当大的误区。

在实战中，正确地运用所学到的股票知识的思路和步骤是：首先按照所学到的股票知识，去寻找股票涨跌的规律；或者说，首先用你学的知识，把股票的历史走势看懂；在看的过程中，去发现或者了解主力操盘的手法是正面的运用技术，还是反着运用技术？去发现哪一种技术走势是主力惯用的手法？等等。总之，就是先别着急使用，首要的事情是把过去的技术走势研究透彻，然后再在研究的过程中，去发现该股的技术走势规律，最后，才是应用，即应用的不是所学的股票知识，而是你利用知识发现的股票走势规律。

 卖在顶部

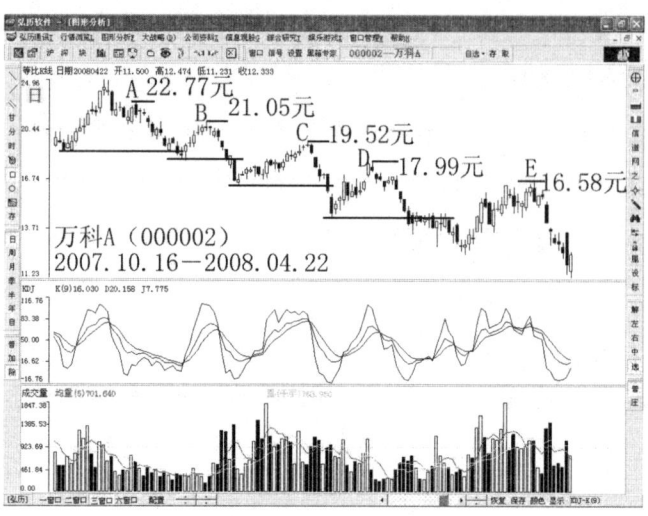

图 6.1-1

说明：上图为万科A（000002）自2007年10月16日至2008年04月22日的日K线走势图。

这个图其实我们在图1.8-1的那一节中讲过，A、B、C、D、E这几个高点之间的价格落差差不多，至少，如果前面两次能总结一下股价运行规律的话，就可以在后面逃顶的时候用得上。

除了高点比较有规律之外，A、B、C、D、E之后的下跌，都是跌破了前期的低点之后，即创出新低后，出现反弹。但，按照我们学的股票知识，股价破位创新低是应该卖出的，假如按照这样的方法卖出的话，那么这个方法在应对这个股票的时候就错了。而实际上，不是方法错了，只是主力采取了反技术操作，而你忽略了股性，只是纸上谈兵地使用技术。

因此，在使用这本书中的方法之前，最好能够首先观察一下个股的股价运行规律，然后再选择适合的方法。使用符合规律的方法，成功概率会大大地提高。违背规律的方法哪怕是再经典也不实用。

发现股票运行的规律的方法有很多，只要你能按照你学的股票知识去找，总是能找到的：K线找不到，就找均线，均线找不到，就找

形态，形态找不到，就找指标，指标找不到，就找时间，只要你耐心去发现，规律总是有的。

其实，技术分析的本质就是首先寻找股价运行的规律，然后去利用找到的规律进行买卖。

一定要记住，不是直接去运用股票知识，而是首先按照股票知识去发现股价运行的规律，然后运用发现的规律来分析股票。

四、制定交易系统并不断总结、完善

人，是会带有情绪化的，所以必须要控制。比较有效的控制方法就是制定一个纪律，来约束自己在操作中的随意性，这个纪律就是交易系统。

不要试图一下子制定一套非常完美的交易系统，国家的法律还是在执行中不断加以完善的呢，何况是你的股票交易系统呢。

在你按照交易系统操作的过程中，可以不断地进行总结，并不断地完善。一要总结自己成功和失误的方法，以便于在下一次操作的时候可以借鉴和利用。二要总结自己的思路是否跟市场运行的热点相吻合。

以上四个步骤是针对已经学习一段时间的股民而言的。对于一个初学者来说，学习通常要经历四个阶段：

1. 死记硬背

这是必需的，像小孩子背唐诗宋词，这是一种知识的积累。不是为了用，只是为了丰富自己。

2. 机械运用

这也是必需的，没有开始的机械运用，也就没有将来的灵活运用；没有机械运用，就没有切身的感知，就谈不上总结、完善和提高。另外，通过机械运用，培养的是自己的执行能力。

3. 举一反三

这是一种能力提升的象征。

4. 灵活运用

如果你能够灵活运用所学，就说明你已经把你所学的知识变成了

自己的能力。

当然,灵活运用的前提是你必须有自己的思路。

其实,股价没有定式,股市经常会发生意外,也许是因为你没有做足功课发生了"意外",也许是因主力故意骗线发生了意外,但无论怎样,都需要股民具备极强的应变能力。应变能力主要体现的是股民对于技术分析灵活运用的能力。

做任何一件事情,都要讲究"道"、"法"、"术",炒股也是如此。炒股中的"术",指的是各种软件中的各种指标;"法",就是指标的使用方法;道,就是炒股的道理和理念。老子曾经说过,以"道"御"术",炒股也是如此,比如顺势而为。如果趋势天天下跌,你纵有再好的能力,也没有用武之地。再比如,长线是金的前提是大牛市,短线是银的前提是大熊市,波段是钻石的前提是震荡市。还有,牛市中悟出来的持股就是硬道理,放到熊市里用,就会把人害死。反过来,熊市悟出来的涨一点就卖,放在牛市里用,你会丢失很多赚大钱的机会。

学习的过程,仅仅是你知"道"的过程,一个人只有经过学"道"(学习阶段)、知"道"(机械运用阶段)、悟"道"(举一反三阶段),最终才能得"道"(灵活运用阶段),得"道"之后,不要去做预测大仙,要老老实实地定一个交易系统,然后严格执行,最终才能将学习的知识转化为你在股市中的实战能力。

最后,预祝各位朋友在炒股的道路上越走越顺,赢利赚钱!

您的朋友 林静

2014 年 5 月于北京

Lin_ jing8@163.com